D1560163

Simone de Beauvoir

Pour une morale de l'ambiguïté

suivi de

Pyrrhus et Cinéas

Gallimard

Pour une morale
de l'ambiguïté

À Bianca

« La vie n'est de soi ni bien ni mal, elle est la place du bien et du mal selon que vous la faites... »

MONTAIGNE.

I

« Le continuel ouvrage de notre vie, c'est bastir la mort », dit Montaigne. Il cite les poètes latins : *Prima, quae vitam dedit, hora carpsit.* Et encore : *Nascentes morimur.* Cette tragique ambivalence que l'animal et la plante subissent seulement, l'homme la connaît, il la pense. Par là un nouveau paradoxe s'introduit dans son destin. « Animal raisonnable », « Roseau pensant », il s'évade de sa condition naturelle sans cependant s'en affranchir ; ce monde dont il est conscience, il en fait encore partie ; il s'affirme comme pure intériorité, contre laquelle aucune puissance extérieure ne saurait avoir de prise, et il s'éprouve aussi comme une chose écrasée par le poids obscur des autres choses. À chaque instant il peut saisir la vérité intemporelle de son existence ; mais entre le passé qui n'est plus, l'avenir qui n'est pas encore, cet instant où il existe n'est rien. Ce privilège qu'il est seul à détenir : d'être un sujet souverain et unique au

milieu d'un univers d'objets, voilà qu'il le partage avec tous ses semblables ; à son tour objet
pour les autres, il n'est dans la collectivité dont
il dépend rien de plus qu'un individu.

Depuis qu'il y a des hommes et qu'ils vivent,
ils ont tous éprouvé cette tragique ambiguïté
de leur condition ; mais depuis qu'il y a des phi-
losophes et qu'ils pensent, la plupart ont essayé
de la masquer. Ils se sont efforcés de réduire
l'esprit à la matière, ou de résorber la matière
dans l'esprit, ou de les confondre au sein d'une
substance unique ; ceux qui ont accepté le dualisme ont établi entre le corps et l'âme une hiérarchie qui permettait de considérer comme
négligeable la partie de soi-même qu'on ne pouvait pas sauver. Ils ont nié la mort soit en l'intégrant à la vie, soit en promettant à l'homme
l'immortalité ; ou encore ils ont nié la vie, la
considérant comme un voile d'illusion sous
lequel se cache la vérité du Nirvâna. Et la morale
qu'ils proposaient à leurs disciples poursuivait
toujours le même but : il s'agissait de supprimer l'ambiguïté en se faisant pure intériorité ou
pure extériorité, en s'évadant du monde sensible
ou en s'y engloutissant, en accédant à l'éternité
ou en s'enfermant dans l'instant pur. Plus ingé-
nieusement, Hegel a prétendu ne refuser aucun
des aspects de la condition d'homme et tous
les concilier ; selon son système, l'instant se
conserve dans le développement du temps, la

Nature s'affirme en face de l'Esprit qui la nie en la posant, l'individu se retrouve dans la collectivité au sein de laquelle il se perd et la mort de chaque homme se réalise en s'annulant dans la Vie de l'Humanité. Ainsi peut-on se reposer dans un merveilleux optimisme où les guerres sanglantes elles-mêmes ne font qu'exprimer la féconde inquiétude de l'Esprit.

Il existe encore à présent bien des doctrines qui choisissent de laisser dans l'ombre certains aspects gênants d'une situation trop complexe. Mais c'est en vain qu'on tente de nous mentir : la lâcheté ne paie pas ; ces métaphysiques raisonnables, ces éthiques consolantes dont on prétend nous leurrer ne font qu'accentuer le désarroi dont nous souffrons. Les hommes d'aujourd'hui semblent ressentir plus vivement que jamais le paradoxe de leur condition. Ils se reconnaissent pour la fin suprême à laquelle doit se subordonner toute action : mais les exigences de l'action les acculent à se traiter les uns les autres comme des instruments ou des obstacles : des moyens ; plus s'agrandit leur emprise sur le monde, plus ils se trouvent écrasés par des forces incontrôlables : maîtres de la bombe atomique, elle n'est créée cependant que pour les détruire ; chacun d'entre eux a sur les lèvres le goût incomparable de sa propre vie, et cependant chacun se sent plus insignifiant qu'un insecte au sein de l'immense collectivité dont les limites se confondent avec celles de la terre ; à aucune époque peut-être ils n'ont manifesté avec plus d'éclat leur grandeur, à aucune époque cette grandeur n'a été si atrocement bafouée. Malgré tant de mensonges têtus, à chaque instant, en toute occasion, la vérité se fait jour : la vérité de la vie et de la mort, de ma solitude et de ma liaison au monde, de ma liberté et de ma servitude, de l'insignifiance et de la souveraine importance de chaque homme et de tous les hommes. Il y a eu Stalingrad et Buchenwald et aucun des deux n'efface l'autre. Puisque nous ne réussissons pas à la fuir, essayons donc de regarder en face la vérité. Essayons d'assumer notre fondamentale ambiguïté. C'est dans la connaissance des conditions authentiques de notre vie qu'il nous faut puiser la force de vivre et des raisons d'agir.

L'existentialisme s'est défini dès l'abord comme une philosophie de l'ambiguïté ; c'est en affirmant le caractère irréductible de l'ambiguïté que Kierkegaard s'est opposé à Hegel ; et de nos jours, c'est par l'ambiguïté que dans *L'Être et le Néant* Sartre définit fondamentalement l'homme, cet être dont l'être est de n'être pas, cette subjectivité qui ne se réalise que comme présence au monde, cette liberté engagée, ce surgissement du pour-soi qui est immédiatement donné pour autrui. Mais aussi

prétend-on que l'existentialisme est une philosophie de l'absurde et du désespoir ; elle
enferme l'homme dans une angoisse stérile,
dans une subjectivité vide ; elle est incapable de
lui fournir aucun principe de choix : qu'il
agisse comme il lui plaît, de toute manière la
partie est perdue. Sartre ne déclare-t-il pas en
effet que l'homme est « une passion inutile »,
qu'il essaie en vain de réaliser la synthèse du
pour-soi et de l'en-soi, de se faire Dieu ? Il est
vrai. Mais il est vrai aussi que les morales les
plus optimistes ont toutes commencé par souli-
gner la part d'échec que comporte la condition
d'homme ; sans échec, pas de morale ; pour
un être qui serait d'emblée exacte coïncidence
avec soi-même, parfaite plénitude, la notion de
devoir-être n'aurait pas de sens. On ne propose
pas de morale à un Dieu ; il est impossible d'en
proposer à l'homme si on définit celui-ci comme
nature, comme donné : les morales dites psy-
chologiques ou empiriques ne réussissent à se
constituer qu'en introduisant subrepticement
quelque faille au sein de l'homme-chose qu'elles
ont d'abord défini. La conscience morale ne
peut subsister, nous dit Hegel dans la dernière
partie de la *Phénoménologie de l'Esprit*, que dans
la mesure où il y a désaccord entre la nature
et la moralité ; elle disparaîtrait si la loi de la
morale devenait la loi de la nature. Si bien que
par un « déplacement » paradoxal, si l'action

morale est le but absolu, le but absolu est aussi
que l'action morale ne soit pas présente. C'est
dire qu'il ne saurait y avoir de devoir-être que
pour un être qui, selon la définition existentialiste, se met en question dans son être, un
être qui est à distance de soi-même et qui a
à être son être.

Soit, dira-t-on. Mais encore faut-il que l'échec
puisse être surmonté ; et l'ontologie existentialiste ne permet pas cet espoir : la passion de
l'homme est inutile, il n'y a aucun moyen pour
lui de devenir cet être qu'il n'est pas. C'est
encore vrai. Et il est vrai aussi que dans *L'Être et
le Néant* Sartre a surtout insisté sur le côté manqué de l'aventure humaine ; dans les dernières
pages seulement il ouvre les perspectives d'une
morale. Pourtant, si l'on médite ses descrip-
tions de l'existence, on s'aperçoit qu'elles sont
loin de condamner l'homme sans recours.

L'échec décrit dans *L'Être et le Néant* est définitif, mais il est aussi ambigu. L'homme, nous
dit Sartre, est « un être qui *se fait* manque d'être,
afin qu'il y ait de l'être ». C'est dire d'abord que
sa passion ne lui est pas infligée du dehors ; il la
choisit, elle est son être même et comme telle
elle n'implique pas l'idée de malheur. Si ce
choix est qualifié d'inutile, c'est qu'il n'existe
pas avant la passion de l'homme, en dehors
d'elle, aucune valeur absolue par rapport à
laquelle on pourrait définir l'inutile et l'utile ;

au niveau de description où se situe *L'Être et le Néant,* le mot utile n'a pas encore reçu de sens : il ne peut se définir que dans le monde humain constitué par les projets de l'homme et les fins qu'il pose. Dans le délaissement originel où l'homme surgit, rien n'est utile, rien n'est inutile. Il faut donc comprendre que la passion consentie par l'homme ne trouve aucune justification extérieure ; aucun appel venu de dehors, aucune nécessité objective ne permet de la qualifier d'utile ; elle n'*a* aucune raison de se vouloir. Mais cela ne veut pas dire qu'elle ne puisse se justifier elle-même, *se donner* les raisons d'être qu'elle n'*a* pas. Et, en fait, Sartre nous dit que l'homme se fait manque d'être *afin* qu'il y ait de l'être ; le terme « afin que » indique clairement une intentionnalité ; ce n'est pas en vain que l'homme néantise l'être : grâce à lui l'être se dévoile et il veut ce dévoilement. Il y a un type originel d'attachement à l'être qui n'est pas la relation : vouloir être, mais bien : vouloir dévoiler l'être. Or ici il n'y a pas échec, mais au contraire succès : cette fin que l'homme se propose en se faisant manque d'être, elle se réalise en effet par lui. Par son arrachement au monde, l'homme se rend présent au monde et se rend le monde présent. Je voudrais être le paysage que je contemple, je voudrais que ce ciel, cette eau calme se pensent en moi, que ce soit moi qu'ils expriment en chair et en os, et je demeure à distance ; mais aussi est-ce par cette distance que le ciel et l'eau existent en face de moi ; ma contemplation n'est un déchirement que parce qu'elle est aussi une joie. Je ne peux pas m'approprier le champ de neige sur lequel je glisse : il demeure étranger, interdit ; mais je me complais dans cet effort même vers une possession impossible, je l'éprouve comme un triomphe, non comme une défaite. C'est dire que, dans sa vaine tentative pour *être* Dieu, l'homme se fait *exister* comme homme, et s'il se satisfait de cette existence, il coïncide exactement avec soi. Il ne lui est pas permis d'exister sans tendre vers cet être qu'il ne sera jamais ; mais il lui est possible de vouloir cette tension même avec l'échec qu'elle comporte. Son être est manque d'être, mais il y a une manière d'être de ce manque qui est précisément l'existence. En termes hégéliens on pourrait dire qu'il y a ici une négation de la négation par quoi le positif est rétabli : l'homme se fait manque, mais il peut nier le manque comme manque et s'affirmer comme existence positive. Alors il assume l'échec. Et l'action condamnée en tant qu'effort pour être retrouve sa validité en tant que manifestation de l'existence. Cependant, plutôt que d'un dépassement hégélien, il s'agit ici d'une conversion ; car chez Hegel les termes dépassés ne sont conservés que comme des moments abstraits, tandis que nous considérons que l'existence demeure encore négativité dans l'affirmation positive d'elle-même ; et elle n'apparaît pas à son tour comme le terme d'une synthèse ultérieure : l'échec n'est pas dépassé, mais assumé ; l'existence s'affirme comme un absolu qui doit chercher en soi sa justification et non pas se supprimer, fût-ce en se conservant. Pour atteindre sa vérité l'homme ne doit pas tenter de dissiper l'ambiguïté de son être, mais au contraire accepter de la réaliser : il ne se rejoint que dans la mesure où il consent à demeurer à distance de soi-même. Cette conversion se distingue profondément de la conversion stoïcienne en ce qu'elle ne prétend pas opposer à l'univers sensible une liberté formelle sans contenu ; exister authentiquement, ce n'est pas nier le mouvement spontané de ma transcendance, mais seulement refuser de me perdre en lui. La conversion existentialiste doit être rapprochée plutôt de la réduction husserlienne : que l'homme « mette entre parenthèses » sa volonté d'être, et le voilà ramené à la conscience de sa vraie condition. Et de même que la réduction phénoménologique prévient les erreurs du dogmatisme en suspendant toute affirmation touchant le mode de réalité du monde extérieur dont elle ne conteste pas cependant la présence de chair et d'os, de même la conversion existentielle ne supprime pas mes instincts, mes désirs, mes projets, mes passions : elle prévient

seulement toute possibilité d'échec en refusant de poser comme des absolus les fins vers
lesquelles se jette ma transcendance et en les
considérant dans leur liaison avec la liberté qui
les projette.

La première implication d'une telle attitude,
c'est que l'homme authentique ne consentira à
reconnaître aucun absolu étranger ; quand un
homme projette dans un ciel idéal cette impossible synthèse du pour-soi et de l'en-soi qu'on
nomme Dieu, c'est qu'il souhaite que le regard
de cet être existant change son existence en
être ; mais s'il accepte de n'être pas afin d'exister authentiquement, il abandonnera le rêve
d'une objectivité inhumaine ; il comprendra
qu'il ne s'agit pas pour lui d'avoir raison aux
yeux d'un Dieu, mais d'avoir raison à ses
propres yeux. Renonçant à chercher hors de
soi-même la garantie de son existence, il refusera aussi de croire à des valeurs inconditionnées qui se dresseraient comme des choses en
travers de sa liberté ; la valeur, c'est cet être
manqué dont la liberté se *fait* manque ; et c'est
parce que celle-ci se fait manque que la valeur
apparaît ; c'est le désir qui crée le désirable,
et le projet qui pose la fin. C'est l'existence
humaine qui fait surgir dans le monde les
valeurs d'après lesquelles elle pourra juger
les entreprises où elle s'engagera ; mais elle se
situe d'abord au-delà de tout pessimisme comme

de tout optimisme, car le fait de son jaillissement originel est pure contingence ; il n'y a pas
avant l'existence de raison d'exister non plus
que de raison de ne pas exister. Le fait de l'existence ne peut pas s'estimer, puisqu'il est le fait
à partir duquel tout principe d'estimation se
définit ; il ne peut se comparer à rien, car il n'y
a rien hors de lui pour servir de terme de comparaison. Ce refus de toute justification extrin-
sèque confirme aussi ce refus d'un pessimisme
originel que nous avons d'abord posé : puisqu'elle est, du dehors, injustifiable, ce n'est pas
condamner l'existence que de la déclarer, du
dehors, injustifiée. Et en vérité hors de l'existence il n'y a personne. L'homme existe. Il ne
s'agit pas pour lui de se demander si sa présence
au monde est utile, si la vie vaut la peine d'être
vécue : ce sont là des questions dénuées de
sens. Il s'agit de savoir s'il veut vivre et à quelles
conditions.

Mais si l'homme est libre de définir lui-même
les conditions d'une vie valable à ses propres
yeux, ne peut-il pas choisir n'importe quoi,
et agir n'importe comment ? Dostoïevski affirmait : « Si Dieu n'existe pas, tout est permis. »
Les croyants d'aujourd'hui reprennent à leur
compte cette formule. Rétablir l'homme au
cœur de son destin, c'est répudier, prétendent-
ils, toute morale. Cependant, bien loin que
l'absence de Dieu autorise toute licence, c'est

au contraire parce que l'homme est délaissé sur la terre que ses actes sont des engagements définitifs, absolus; il porte la responsabilité d'un monde qui n'est pas l'œuvre d'une puissance étrangère, mais de lui-même et où s'inscrivent ses défaites comme ses victoires. Un Dieu peut pardonner, effacer, compenser; mais si Dieu n'existe pas, les fautes de l'homme sont inexpiables. Si l'on prétend que de toute manière cet enjeu terrestre n'a pas d'importance, c'est qu'on invoque précisément cette objectivité inhumaine que nous avons commencé par refuser. On ne peut pas dire d'abord que notre destinée terrestre *a* ou n'*a* pas d'importance, car il dépend de nous de lui en donner une. C'est à l'homme de faire qu'il soit important d'être un homme, et lui seul peut éprouver sa réussite ou son échec. Et si l'on dit encore que rien ne l'oblige à tenter ainsi de justifier son être, c'est qu'on joue alors avec mauvaise foi sur la notion de liberté; le croyant aussi est libre de pécher; la loi divine ne s'impose à lui que du moment où il a décidé de sauver son âme; dans la religion chrétienne, bien qu'on en parle fort peu aujourd'hui, il y a aussi des damnés. Ainsi sur le plan terrestre une vie qui ne cherche pas à se fonder sera pure contingence. Mais il lui est permis de vouloir se donner un sens et une vérité; et elle rencontre alors au cœur d'elle-même de rigoureuses exigences.

Cependant, même parmi les partisans d'une morale laïque, il s'en trouve beaucoup qui reprochent à l'existentialisme de ne proposer à l'acte moral aucun contenu objectif ; cette philosophie est, dit-on, un subjectivisme, voire un solipsisme ; et, une fois enfermé en lui-même, comment l'homme pourrait-il en sortir ? Mais c'est là aussi faire preuve de beaucoup de mauvaise foi ; on sait assez que le fait d'être un sujet est un fait universel et que le *Cogito* cartésien exprime à la fois l'expérience la plus singulière et la vérité la plus objective. En affirmant que la source de toutes les valeurs réside dans la liberté de l'homme, l'existentialisme ne fait que reprendre la tradition de Kant, Fichte, Hegel, qui, selon le mot de Hegel lui-même, « ont pris pour point de départ le principe selon lequel l'essence du droit et du devoir et l'essence du sujet pensant et voulant sont absolument identiques ». Ce qui définit tout humanisme, c'est que le monde moral n'est pas un monde donné, étranger à l'homme et auquel celui-ci devrait s'efforcer d'accéder du dehors : c'est le monde voulu par l'homme en tant que sa volonté exprime sa réalité authentique.

Soit, diront certains. Mais Kant échappe au solipsisme, parce que pour lui la réalité authentique, c'est la personne humaine en tant qu'elle transcende son incarnation empirique et qu'elle choisit d'être universelle. Et sans doute Hegel

affirmait que « le droit des individus à leur particularité est également contenu dans la sub-
stantialité morale, puisque la particularité est la
modalité extrême, phénoménale, dans laquelle
la réalité morale existe ». (*Philosophie du Droit*,
§ 154.) Mais la particularité n'apparaît chez lui
que comme un moment de la totalité dans
laquelle elle doit se dépasser. Au lieu que pour
l'existentialisme, ce n'est pas l'homme impersonnel, universel, qui est la source des valeurs :
c'est la pluralité des hommes concrets, singuliers, se projetant vers leurs fins propres à partir
de situations dont la particularité est aussi radicale, aussi irréductible que la subjectivité elle-
même. Originellement séparés, comment les
hommes pourraient-ils se rejoindre ?

Et en effet nous arrivons à la véritable position du problème. Mais le poser, ce n'est pas
démontrer qu'il ne saurait être résolu. Au
contraire, il faut encore ici évoquer la notion
de « déplacement » hégélien : il n'y a morale
que s'il y a un problème à résoudre. Et l'on
peut dire, en renversant l'argumentation précédente, que les morales qui ont apporté des
solutions en effaçant le fait de la séparation
des hommes ne sont pas valables puisque précisément cette séparation est. Une morale de
l'ambiguïté, ce sera une morale qui refusera
de nier a priori que des existants séparés puissent en même temps être liés entre eux, que

leurs libertés singulières puissent forger des lois valables pour tous.

Avant d'entreprendre la recherche d'une solution, il est intéressant de remarquer que la notion de situation et la reconnaissance des séparations qu'elle implique n'est pas propre seulement à l'existentialisme. Nous la rencontrons aussi dans le marxisme que, d'un point de vue, on pourrait considérer comme une apothéose de la subjectivité. Comme tout humanisme radical, le marxisme réprouve l'idée d'une objectivité inhumaine et se situe dans la tradition de Kant et de Hegel. À la différence des vieux socialismes utopistes qui confrontaient l'ordre terrestre avec les archétypes de Justice, d'Ordre, de Bien, Marx ne considère pas que certaines situations humaines soient en soi et absolument préférables à d'autres : ce sont les besoins d'un peuple, les révoltes d'une classe qui définissent des buts et des fins ; c'est du sein d'une situation refusée, à la lumière de ce refus, qu'un état nouveau apparaît comme désirable : seule la volonté des hommes décide ; et c'est à partir d'un certain enracinement singulier dans le monde historique et économique que cette volonté se jette vers l'avenir, choisissant alors une perspective où les mots de but, de progrès, d'efficacité, de réussite, d'échec, d'action, d'adversaires, d'instruments, d'obstacles, ont un sens ; alors certaines actions peuvent être regar-

dées comme bonnes et d'autres comme mauvaises. Pour que surgisse l'univers des valeurs
révolutionnaires, il faut qu'un mouvement subjectif les crée dans la révolte et dans l'espoir. Et
ce mouvement apparaît aux marxistes comme
si essentiel que si un intellectuel, un bourgeois,
prétendent vouloir aussi la révolution, on se
méfie d'eux ; on pense que l'intellectuel bourgeois peut seulement adhérer du dehors, par
une reconnaissance abstraite, à ces valeurs qu'il
n'a pas lui-même constituées ; quoi qu'il fasse,
sa situation interdit que les fins poursuivies par
les prolétaires ne soient absolument ses fins,
puisque ce n'est pas l'élan même de sa vie qui
les a engendrées.

Seulement, dans le marxisme, s'il est vrai que
le but, le sens de l'action, sont définis par des
volontés humaines, ces volontés n'apparaissent
pas comme libres : elles sont le reflet des conditions objectives par lesquelles se définit la situation de la classe, du peuple considéré ; dans le
moment présent du développement du capitalisme, le prolétariat ne peut pas ne pas vouloir
sa suppression comme classe ; la subjectivité se
résorbe dans l'objectivité du monde donné ;
révolte, besoin, espoir, refus, désir, ne sont que
les résultantes des forces extérieures ; la psy-
chologie du comportement s'efforce de rendre
compte de cette alchimie.

On sait que c'est là le point essentiel sur

lequel l'ontologie existentialiste s'oppose au matérialisme dialectique : nous pensons que le sens de la situation ne s'impose pas à la conscience d'un sujet passif, qu'il ne surgit que par le dévoilement qu'opère dans son projet un sujet libre. Il nous apparaît évident que pour adhérer aux marxisme, pour entrer dans un parti, et dans celui-ci plutôt que dans celui-là, pour y demeurer attaché d'une manière vivante, il faut au marxiste même une décision qui n'a sa source qu'en lui ; et cette autonomie n'est pas le privilège (ou la tare) de l'intellectuel, du bourgeois : le prolétariat pris dans son ensemble, en tant que classe, peut prendre conscience de sa situation de plus d'une manière ; il peut vouloir la révolution à travers un parti ou un autre, il peut se laisser leurrer, comme il est arrivé au prolétariat allemand, ou s'endormir dans le confort ennuyeux que lui concède le capitalisme, comme fait le prolétariat américain. On dira dans tous ces cas qu'il trahit : encore faut-il qu'il soit libre de trahir. Ou, si l'on prétend distinguer le vrai prolétariat d'un prolétariat traître, égaré, inconscient ou mystifié, alors ce n'est plus au prolétariat de chair et d'os que l'on a affaire, mais à l'Idée de prolétariat : une de ces Idées que Marx tournait en dérision.

Aussi bien, pratiquement, le marxisme ne nie-t-il pas *toujours* la liberté ; la notion même d'action perdrait tout sens si l'histoire était un déroulement mécanique où l'homme n'apparaît que comme un conducteur passif de forces étrangères ; en agissant, comme aussi en prêchant l'action, le révolutionnaire marxiste s'affirme comme un véritable agent, il se pose comme libre. Et même il est curieux de remarquer que la plupart des marxistes d'aujourd'hui — à la différence de Marx lui-même — n'éprouvent pas de répugnance pour la fadeur édifiante des discours moralisateurs. Ils ne se bornent pas à blâmer leurs adversaires au nom du réalisme historique : quand ils les taxent de lâcheté, de mensonge, d'égoïsme, de vénalité, ils entendent bien les condamner au nom d'un moralisme supérieur à l'histoire. De même, dans les éloges qu'ils se décernent les uns aux autres, ils exaltent des vertus éternelles : courage, abnégation, lucidité, intégrité. On dira peut-être que tous ces mots sont employés dans un but de propagande, qu'il ne s'agit là que d'un langage utile ; mais c'est admettre que ce langage est entendu, qu'il éveille un écho dans le cœur de ceux à qui il s'adresse ; or, ni le mépris, ni l'estime n'auraient de sens si l'on regardait les actes d'un homme comme une pure résultante mécanique ; pour s'indigner, pour admirer, il faut que les hommes aient conscience de la liberté des autres et de leur propre liberté. Tout se passe donc en chaque homme et dans la tactique collective comme si les hommes étaient libres. Mais alors quelle révélation un humanisme cohérent peut-il prétendre opposer au témoignage que l'homme porte sur lui-même ? Aussi bien les marxistes se trouvent-ils souvent amenés à ratifier cette croyance de l'homme en sa liberté, quitte à la concilier comme ils peuvent avec le déterminisme.

Cependant, alors que cette concession leur est arrachée par la pratique même de l'action, c'est au nom de l'action qu'ils prétendent condamner une philosophie de la liberté ; ils déclarent avec autorité que l'existence de la liberté rendrait impossible toute entreprise concertée ; selon eux, si l'individu n'était pas contraint par le monde extérieur à vouloir ceci plutôt que cela, rien ne le défendrait contre ses caprices. On retrouve ici, en un autre langage, le reproche formulé par le croyant respectueux des impératifs surnaturels. Aux yeux du marxiste comme du chrétien, il semble qu'agir librement, ce soit renoncer à justifier ses actes. Il y a là un curieux retournement du « tu dois, donc tu peux » kantien ; au nom de la moralité, Kant postulait la liberté ; le marxiste déclare au contraire : « Tu dois, donc tu ne peux pas » ; l'action d'un homme ne lui semble valable que si cet homme n'a pas contribué à la constituer par un mouvement intérieur ; admettre la possibilité ontologique d'un choix, c'est déjà trahir

la Cause. Est-ce à dire que l'attitude révolutionnaire renonce à être d'aucune façon une attitude morale? Ce serait logique, puisque nous
remarquions avec Hegel que c'est seulement
en tant que le choix n'est pas d'abord réalisé
qu'il peut se constituer comme choix moral.
Mais ici encore la pensée marxiste hésite; elle
se moque des morales idéalistes qui ne mor-
dent pas sur le monde; mais ses railleries signi-
fient qu'il ne saurait y avoir de morale en
dehors de l'action, non que l'action se ravale
au niveau d'un simple processus naturel; il est
bien évident que l'entreprise révolutionnaire
prétend avoir un sens humain. Le mot de
Lénine qui dit en substance : « J'appelle action
morale toute action utile au parti, immorale
toute action qui lui est nuisible », est à double
tranchant : d'une part il refuse des valeurs péri-
mées, mais aussi il voit dans l'opération politique une manifestation totale de l'homme, en
tant que devoir-être en même temps qu'en tant
qu'être; Lénine refuse de poser abstraitement
la morale parce qu'il entend la réaliser effectivement. Et partout dans les paroles, les écrits,
les actes des marxistes une idée morale est présente. Il est contradictoire alors de repousser
avec horreur le moment du choix, qui est précisément le moment du passage de l'esprit dans
la nature, le moment de l'accomplissement
concret de l'homme et de la moralité.

Quoi qu'il en soit, nous croyons quant à nous à la liberté. Est-il vrai que cette croyance doive nous conduire au désespoir ? Faut-il admettre ce curieux paradoxe : que du moment où un homme se reconnaît comme libre, il lui est défendu de rien vouloir ?

Il nous apparaît au contraire que c'est en nous retournant vers cette liberté que nous allons découvrir un principe d'action dont la portée sera universelle. Le propre de toute morale, c'est de considérer la vie humaine comme une partie que l'on peut gagner ou perdre, et d'enseigner à l'homme le moyen de gagner. Or, nous avons vu que le dessein originel de l'homme est ambigu : il veut être, et dans la mesure où il coïncide avec cette volonté, il échoue ; tous les projets dans lesquels s'actualise ce vouloir-être sont condamnés, et les fins circonscrites par ces projets demeurent des mirages. Dans ces tentatives avortées, la transcendance humaine s'engloutit vainement. Mais l'homme se veut aussi dévoilement d'être, et, s'il coïncide avec cette volonté, il gagne, car le fait est que, par sa présence au monde, le monde devient présent. Mais le dévoilement implique une perpétuelle tension pour maintenir l'être à distance, pour s'arracher au monde et s'affirmer comme liberté : vouloir le dévoilement du monde, se vouloir libre, c'est un seul et même mouvement. La liberté est la source d'où sur-

gissent toutes les significations et toutes les
valeurs ; elle est la condition originelle de
toute justification de l'existence ; l'homme qui
cherche à justifier sa vie doit vouloir avant tout
et absolument la liberté elle-même : en même
temps qu'elle exige la réalisation de fins
concrètes, de projets singuliers, elle s'exige universellement. Elle n'est pas une valeur toute
constituée qui se proposerait du dehors à mon
adhésion abstraite, mais elle apparaît (non sur
le plan de la facticité, mais sur le plan moral)
comme cause de soi : elle est appelée nécessairement par les valeurs qu'elle pose et à travers
lesquelles elle se pose ; elle ne peut pas fonder
un refus d'elle-même, car en se refusant elle
refuserait la possibilité de tout fondement. Se
vouloir moral et se vouloir libre, c'est une seule
et même décision.

Il semble que se retourne alors contre nous
cette notion de « déplacement » hégélien sur
laquelle nous nous appuyions tout à l'heure. Il
n'y a de morale que si l'action morale n'est pas
présente. Or, Sartre déclare que tout homme
est libre, qu'il n'a aucun moyen de ne pas
l'être ; quand il veut échapper à son destin,
c'est encore librement qu'il le fuit. Cette présence d'une liberté pour ainsi dire naturelle ne
contredit-elle pas la notion de liberté morale ?
Quel sens peuvent garder les mots : se *vouloir*
libre, puisque d'abord nous *sommes* libres ? Il est

contradictoire de poser la liberté comme une conquête si d'abord elle est un donné.

Cette objection n'aurait de portée que si la liberté était une chose ou une qualité naturellement attachée à une chose ; alors en effet : ou bien on la posséderait, ou bien on ne la posséderait pas ; mais en vérité elle se confond avec le mouvement même de cette réalité ambiguë qu'on appelle l'existence et qui n'est qu'en se faisant être ; si bien que précisément ce n'est qu'en tant que devant être conquise qu'elle se donne. Se vouloir libre, c'est effectuer le passage de la nature à la moralité en fondant sur le jaillissement originel de notre existence une liberté authentique.

Tout homme est originellement libre en ce sens qu'il se jette spontanément dans le monde ; mais si nous la considérons dans sa facticité, cette spontanéité ne nous apparaît que comme une pure contingence, un jaillissement aussi stupide que le clinamen de l'atome épicurien qui dérivait à n'importe quel moment, dans n'importe quelle direction ; et il fallait bien que l'atome arrivât quelque part ; mais son mouvement ne se justifiait pas par cet aboutissement qui n'avait pas été choisi ; il demeurait absurde. Ainsi la spontanéité humaine se projette toujours vers quelque chose ; même dans les actes manqués et les crises de nerfs le psychanalyste découvre un sens ; mais pour que ce

sens justifie la transcendance qui le dévoile, il
faut que lui-même soit fondé : il ne le sera pas
si je ne choisis pas de le fonder moi-même. Or
je peux éluder ce choix ; nous avons dit qu'il
serait contradictoire de se vouloir délibérément non libre ; mais on peut ne pas se vouloir
libre : dans la paresse, l'étourderie, le caprice,
la lâcheté, l'impatience, on conteste le sens
du projet au moment même où on le définit ;
alors la spontanéité du sujet n'est qu'une vaine
palpitation vivante, son mouvement vers l'objet, une fuite, et lui-même, une absence. Pour
convertir cette absence en présence, ma fuite
en volonté, il faut que j'assume positivement
mon projet ; il ne s'agit pas de me replier sur le
mouvement tout intérieur et d'ailleurs abstrait
d'une spontanéité donnée, mais d'adhérer au
mouvement concret et singulier par lequel
cette spontanéité se définit en se jetant vers une
fin ; c'est à travers cette fin qu'elle pose que ma
spontanéité se confirme en se réfléchissant sur
elle-même. Alors, d'un seul mouvement, ma
volonté, fondant le contenu de l'acte, se légitime par lui. Je réalise comme liberté mon
échappement vers l'autre lorsque, posant la
présence de l'objet, je me pose par là même en
face de lui comme présence. Mais cette justification exige une tension constante : elle n'*est*
jamais réalisée, il faut que sans répit elle *se* réalise ; jamais mon projet n'est fondé, il se fonde.

Pour éviter l'angoisse de ce choix permanent, on peut tenter de fuir dans l'objet même, d'y engloutir sa propre présence ; dans la servitude du sérieux, la spontanéité originelle s'efforce de se renier ; elle s'efforce vainement et cependant elle échoue alors à s'accomplir comme liberté morale.

De cette liberté, nous venons seulement de décrire l'aspect subjectif et formel. Mais nous devons aussi nous demander si c'est à travers n'importe quel contenu qu'on peut se vouloir libre. Il faut remarquer d'abord que cette volonté se développe à travers le temps ; c'est à travers le temps que la fin est visée et que la liberté se confirme elle-même, et ceci suppose qu'elle se réalise comme unité à travers le morcellement du temps. On n'échappe à l'absurdité du clinamen qu'en échappant à l'absurdité de l'instant pur ; une existence ne saurait se fonder si elle s'effondrait instant par instant dans le néant ; c'est pourquoi aucune question morale ne se pose à l'enfant tant qu'il est encore incapable de se reconnaître dans le passé, de se prévoir dans l'avenir ; c'est seulement quand les moments de sa vie commencent à s'organiser en conduite qu'il peut décider et choisir. Concrètement, c'est à travers la patience, le courage, la fidélité que se confirme la valeur de la fin choisie et que réciproquement se manifeste l'authenticité du choix. Si j'abandonne derrière moi un acte que j'ai accompli, en tombant dans le passé il devient chose, il n'est plus qu'un fait stupide et opaque ; pour empêcher cette métamorphose, il faut que sans cesse je le reprenne et le justifie dans l'unité du projet où je suis engagé ; fonder le mouvement de ma transcendance, cela exige que jamais je ne le laisse retomber inutilement sur lui-même, que je le prolonge indéfiniment. Ainsi je ne saurais aujourd'hui vouloir authentiquement une fin sans la vouloir à travers mon existence entière, en tant qu'avenir de ce moment présent, en tant que passé dépassé des jours à venir : vouloir, c'est m'engager à persévérer dans ma volonté. Cela ne signifie pas que je ne dois viser aucune fin limitée : je peux désirer absolument et pour toujours une révélation d'un instant ; cela signifie que la valeur de cette fin provisoire sera confirmée indéfiniment. Mais cette confirmation vivante ne saurait être seulement contemplative et verbale : c'est en acte qu'elle s'opère ; il faut que le but vers lequel je me dépasse m'apparaisse comme point de départ vers un nouveau dépassement. Ainsi se développe heureusement, sans jamais se figer en facticité injustifiée, une liberté créatrice. Le créateur s'appuie sur les créations antérieures pour créer la possibilité de créations nouvelles ; son projet présent embrasse le passé et fait à la liberté à venir une confiance qui n'est jamais démentie. À chaque instant, il dévoile l'être à fin d'un dévoilement ultérieur ; à chaque instant sa liberté se confirme à travers la création tout entière.

Cependant, l'homme ne crée pas le monde ; il ne réussit à le dévoiler qu'à travers les résistances que ce monde lui oppose ; la volonté ne se définit qu'en se suscitant des obstacles ; et de par la contingence de la facticité certains obstacles se laissent vaincre, d'autres non. C'est ce qu'exprimait Descartes lorsqu'il disait que la liberté de l'homme est infinie, mais son pouvoir limité. Comment la présence de ces limites peut-elle se concilier avec l'idée d'une liberté se confirmant comme unité et mouvement indéfini ?

En face d'un obstacle impossible à franchir, l'entêtement est stupide : si je m'obstine à taper du poing contre un mur inébranlable, ma liberté s'épuise dans ce geste inutile sans réussir à se donner un contenu ; elle se dégrade en contingence vaine. Cependant, il est peu de vertu plus triste que la résignation ; elle transforme en phantasmes, en rêveries contingentes, des projets qui s'étaient d'abord constitués comme volonté et comme liberté. Un jeune homme a souhaité une vie heureuse, ou bien utile, ou glorieuse ; si l'homme qu'il est devenu regarde avec une indifférence désabusée ces tentatives avortées de son adolescence, les voilà à jamais figées dans le passé défunt. Lorsqu'un effort échoue, on déclare avec amertume qu'on a perdu son temps, gaspillé ses forces; l'échec condamne toute cette partie de nous-mêmes que nous avions engagée dans cet effort. C'est pour échapper à ce dilemme que les Stoïciens prêchèrent l'indifférence. Nous pourrions en effet affirmer notre liberté contre toute contrainte si nous consentions à renoncer à la singularité de nos projets : si une porte refuse de s'ouvrir, acceptons de ne pas l'ouvrir, et nous voilà libres. Mais on ne réussit par là qu'à sauver une notion abstraite de la liberté, on vide celle-ci de tout contenu et de toute vérité : le pouvoir de l'homme cesse d'être limité parce qu'il s'annule. C'est la singularité du projet qui détermine la limitation du pouvoir; mais c'est elle aussi qui donne au projet son contenu et qui lui permet de se fonder. Il y a des gens à qui l'idée d'échec inspire une telle horreur qu'ils se retiennent de jamais rien vouloir : mais nul ne songerait à considérer cette morne passivité comme le triomphe de la liberté.

En vérité, pour que ma liberté ne risque pas de venir mourir contre l'obstacle qu'a suscité son engagement même, pour qu'elle puisse encore à travers l'échec poursuivre son mouvement, il faut que, se donnant un contenu singulier, elle vise à travers lui une fin qui ne soit aucune chose, mais précisément le libre mou-

vement de l'existence. L'opinion publique
n'est pas ici mauvais juge, qui admire qu'un
homme sache, en cas de ruine, d'accident,
prendre le dessus, c'est-à-dire renouveler son
engagement dans le monde, affirmant par là
hautement l'indépendance de la liberté par
rapport à la chose. Ainsi, lorsque Van Gogh
malade accepte sereinement la perspective d'un
avenir où il ne pourra plus peindre, il n'y a pas
là résignation stérile ; la peinture était pour lui
un mode de vie personnelle et de communication avec autrui qui pouvait sous une autre
forme se perpétuer jusque dans un asile. Dans
un tel renoncement le passé se trouvera intégré
et la liberté confirmée ; il sera vécu à la fois
dans le déchirement et dans la joie : dans le
déchirement, puisque le projet se dépouille
alors de son visage singulier, il sacrifie sa chair
et son sang ; mais dans la joie, puisque, au
moment où l'on lâche prise, on se retrouve les
mains libres et prêtes à se tendre vers un nouvel avenir. Mais ce dépassement n'est concevable que si le contenu n'est pas visé comme
barrant l'avenir, mais au contraire comme des-
sinant en lui des possibilités neuves ; ceci nous
ramène par un autre chemin à ce que nous
avions déjà indiqué : ma liberté ne doit pas
chercher à capter l'être, mais à le dévoiler ; le
dévoilement, c'est le passage de l'être à l'existence ; le but visé par ma liberté, c'est de

conquérir l'existence à travers l'épaisseur toujours manquée de l'être.

Cependant un tel salut n'est possible que si,
en dépit des obstacles et des échecs, un homme
conserve la disposition de son avenir, si la situation lui ouvre encore des possibilités. Dans le
cas où sa transcendance est coupée de ses buts,
où il n'a plus aucune prise sur les objets qui
pourraient lui donner un contenu valable, sa
spontanéité se dissipe sans rien fonder ; alors
il lui est interdit de justifier positivement
son existence, et il en éprouve la contingence
avec un dégoût désolé. Il n'est pas de manière
plus odieuse de punir un homme que de le
contraindre à des actes auxquels on refuse leur
sens : ainsi quand on fait indéfiniment vider et
remplir un même fossé, quand on fait tourner
en rond des soldats punis, ou qu'on force un
écolier à copier des lignes. Des révoltes ont
éclaté en Italie au mois de septembre dernier
parce qu'on occupait les chômeurs à casser des
cailloux qui ne servaient à rien. On sait que ce
fut aussi le vice qui ruina, en 1848, les Ateliers
Nationaux. Cette mystification de l'effort inutile
est plus intolérable que la fatigue. La claustra-
tion à vie est la plus horrible des peines, parce
qu'elle conserve l'existence dans sa pure facticité, mais qu'elle lui interdit toute légitimation.
Une liberté ne peut se vouloir sans se vouloir
comme mouvement indéfini ; elle doit absolu-

ment refuser les contraintes qui arrêtent son élan vers elle-même ; ce refus prend une figure positive quand la contrainte est naturelle : on refuse la maladie en se guérissant ; mais il revêt la figure négative de la révolte quand l'oppresseur est une liberté humaine. On ne saurait nier l'être : l'en-soi est, et sur cet être plein, cette pure positivité, la négation n'a pas de prise ; on n'échappe pas à cette plénitude : une maison détruite *est* une ruine, une chaîne brisée *est* une ferraille : on n'atteint que la signification et à travers elle le pour-soi qui s'y projetait ; le pour-soi porte le néant en son cœur et peut être anéanti soit dans le jaillissement même de son existence, soit à travers le monde dans lequel il s'existe : la prison est niée comme telle quand le prisonnier s'en échappe. Mais la révolte en tant que pur mouvement négatif demeure abstraite ; elle ne s'accomplit comme liberté qu'en retournant au positif, c'est-à-dire en se donnant un contenu à travers une action : évasion, lutte politique, révolution ; alors la transcendance humaine vise avec la destruction de la situation donnée tout l'avenir qui découlera de sa victoire ; elle renoue son rapport indéfini avec elle-même. Il y a des situations-limites où ce retour au positif est impossible, où l'avenir est radicalement barré ; alors la révolte ne peut s'accomplir que dans le refus définitif de la situation imposée, dans le suicide.

On voit que d'une part la liberté peut toujours se sauver, car elle se réalise comme dévoilement d'existence à travers ses échecs mêmes et elle peut encore se confirmer par une mort librement choisie. Mais d'autre part les situations qu'elle dévoile à travers son projet vers elle-même n'apparaissent pas comme équivalentes : elle pose comme privilégiées celles qui lui permettent de se réaliser comme mouvement indéfini ; c'est-à-dire qu'elle veut dépasser tout ce qui limite son pouvoir ; et ce pouvoir cependant est toujours limité. Ainsi, de même que la vie se confond avec le vouloir-vivre, la liberté apparaît toujours comme mouvement de libération. C'est seulement en se prolongeant à travers la liberté d'autrui qu'elle parvient à dépasser la mort elle-même et à se réaliser comme unité indéfinie ; nous verrons plus loin quels problèmes soulève une telle relation. Il nous suffit pour l'instant d'avoir établi que les mots « se vouloir libre » ont un sens positif et concret. Si l'homme veut sauver son existence, ce qu'il est seul à même de faire, il faut que sa spontanéité originelle s'élève à la hauteur d'une liberté morale en se prenant elle-même pour fin à travers le dévoilement d'un contenu singulier.

Mais une nouvelle question se pose aussitôt. S'il y a pour l'homme une manière et une seule de sauver son existence, comment peut-il ne pas en tout cas la choisir ? Comment une mauvaise volonté est-elle possible ? Ce problème se retrouve dans toutes les morales, puisque précisément c'est la possibilité d'une volonté pervertie qui donne un sens à l'idée de vertu. On connaît la réponse de Socrate, de Platon, de Spinoza : « Nul n'est méchant volontairement. » Et si le Bien est un transcendant plus ou moins étranger à l'homme, on conçoit que la faute puisse s'expliquer par l'erreur. Mais si l'on admet que le monde moral, c'est le monde authentiquement voulu par l'homme, toute possibilité d'erreur s'abolit. Aussi bien, dans la morale kantienne qui est à l'origine de toutes les morales de l'autonomie, il est très difficile de rendre compte de l'existence d'une mauvaise volonté ; le choix que le sujet fait de son caractère étant effectué dans le monde intelligible par une volonté purement rationnelle, on ne comprend pas comment celle-ci refuserait expressément la loi qu'elle se donne à elle-même. Mais c'est que le kantisme définissait l'homme comme pure positivité, et il ne lui reconnaissait donc d'autre possibilité que la coïncidence avec lui-même. Nous définissons nous aussi la moralité par cette adhésion à soi, et c'est pourquoi nous disons que l'homme ne peut pas positivement opter entre la négation et l'assomption de sa liberté, car dès qu'il opte, il assume ; il ne peut pas vouloir positivement

n'être pas libre, car une telle volonté se détrui-
rait elle-même. Seulement, à la différence de
Kant, l'homme ne nous apparaît pas comme
étant essentiellement une volonté positive : au
contraire il se définit d'abord comme négativité ; il est d'abord à distance de lui-même, il ne
peut coïncider avec soi qu'en acceptant de ne
jamais se rejoindre. Il y a à l'intérieur de lui-
même un perpétuel jeu du négatif ; et par là il
s'échappe, il échappe à sa liberté. Et c'est précisément parce qu'une mauvaise volonté est
ici possible que le mot « se vouloir libre » a un
sens. Non seulement nous affirmons donc que
la doctrine existentialiste permet l'élaboration
d'une morale, mais il nous apparaît même que
c'est la seule philosophie où une morale ait sa
place ; car dans une métaphysique de la transcendance, au sens classique du mot, le mal se
réduit à l'erreur ; et dans les philosophies humanistes, il est impossible d'en rendre compte,
l'homme étant défini comme plein dans un
monde plein. L'existentialisme seul fait, comme
les religions, une part réelle au mal ; et c'est
peut-être ce qui le fait juger si noir : les hommes
n'aiment pas se sentir en danger. Pourtant c'est
parce qu'il y a un vrai danger, de vrais échecs,
une vraie damnation terrestre, que les mots
de victoire, de sagesse ou de joie ont un sens.
Rien n'est décidé d'avance et c'est parce que

l'homme a quelque chose à perdre et qu'il peut perdre qu'il peut aussi gagner.

Il entre donc dans **la** condition même de l'homme de pouvoir ne pas accomplir cette condition. Pour l'accomplir, il lui faut s'assumer en tant qu'être qui « se fait manque d'être afin qu'il y ait de l'être » ; mais le jeu de la mauvaise foi permet de s'arrêter à n'importe quel moment : on peut hésiter à se faire manque d'être, reculer devant l'existence ; ou bien on peut s'affirmer mensongèrement comme être, ou s'affirmer comme néant ; on peut ne réaliser sa liberté que comme indépendance abstraite ou, au contraire, refuser avec désespoir la distance qui nous sépare de l'être. Toutes les erreurs sont possibles, puisque l'homme est négativité, et elles sont motivées par l'angoisse qu'il éprouve devant sa liberté. Concrètement, les hommes glissent avec incohérence d'une attitude à une autre. Nous nous bornerons à décrire sous leur forme abstraite celles que nous venons d'indiquer.

II

Le malheur de l'homme, a dit Descartes, vient de ce qu'il a d'abord été un enfant. Et en effet ces choix malheureux que font la plupart des hommes ne peuvent s'expliquer que parce qu'ils se sont opérés à partir de l'enfance. Ce qui caractérise la situation de l'enfant, c'est qu'il se trouve jeté dans un univers qu'il n'a pas contribué à constituer, qui a été façonné sans lui et qui lui apparaît comme un absolu auquel il ne peut que se soumettre ; à ses yeux les inventions humaines : les mots, les mœurs, les valeurs, sont des faits donnés, inéluctables comme le ciel et les arbres ; c'est dire que le monde où il vit est le monde du sérieux, puisque le propre de l'esprit de sérieux, c'est de considérer les valeurs comme des choses toutes faites. Et cela ne signifie pas que l'enfant soit lui-même sérieux ; au contraire, il lui est permis de jouer, de dépenser librement son existence ; dans son cercle enfantin, il éprouve qu'il peut poursuivre avec

passion et atteindre dans la joie les buts qu'il
s'est à lui-même proposés ; mais s'il accomplit
cette expérience en toute tranquillité, c'est précisément parce que le domaine ouvert à sa subjectivité paraît à ses propres yeux insignifiant,
puéril, il s'y sent heureusement irresponsable.
Le monde véritable, c'est celui des adultes où il
ne lui est permis que de respecter et d'obéir ;
naïvement victime du mirage du pour autrui, il
croit à l'*être* de ses parents, de ses professeurs :
il les prend pour des divinités que ceux-ci cherchent vainement à être et dont ils se complai-
sent à emprunter l'apparence devant des yeux
ingénus ; les récompenses, les punitions, les
prix, les paroles d'éloge ou de blâme lui insuf-
flent la conviction qu'il existe un bien, un mal,
des fins en soi, comme il existe un soleil et une
lune ; dans cet univers de choses définies et
pleines, il croit *être* lui aussi de façon définie
et pleine : il est un bon petit garçon ou un
mauvais sujet, il s'y complaît ; si quelque chose
au secret de lui-même dément cette conviction,
il dissimule cette tare ; il se console d'une in-
consistance qu'il n'attribue qu'à son jeune âge
en misant sur l'avenir : plus tard il deviendra
lui aussi une grande statue imposante ; en attendant, il joue à être : à être un saint, un héros,
un voyou ; il se sent pareil à ces modèles dont
ses livres dessinent pour lui à gros traits des
images sans équivoque : explorateur, brigand,

sœur de charité. Le jeu du sérieux peut prendre une telle importance dans la vie de l'enfant qu'il devient lui-même effectivement sérieux : on connaît de ces enfants qui sont des caricatures d'homme. Et même quand la joie d'exister est la plus forte, quand l'enfant s'y abandonne, il se sent protégé contre le risque de l'existence par ce plafond que des générations humaines ont édifié au-dessus de sa tête. Et c'est en cela que la condition de l'enfant (encore qu'elle puisse être par d'autres côtés malheureuse) est métaphysiquement privilégiée ; l'enfant échappe normalement à l'angoisse de la liberté ; il peut être à son gré indocile, paresseux, ses caprices et ses fautes ne concernent que lui ; elles ne pèsent pas sur la terre ; elles ne sauraient entamer l'ordre serein d'un monde qui existait avant lui, sans lui, où il est en sécurité par son insignifiance même ; il peut faire impunément tout ce qui lui plaît, il sait que rien jamais n'arrivera par lui, tout est donné déjà ; ses actes n'engagent rien, même pas lui-même.

Il y a des êtres dont la vie tout entière s'écoule dans un monde infantile, parce que, maintenus dans un état de servitude et d'ignorance, ils ne possèdent aucun moyen de briser ce plafond tendu au-dessus de leurs têtes ; comme l'enfant lui-même ils peuvent exercer leur liberté, mais seulement au sein de cet univers constitué avant eux, sans eux. C'est le cas par exemple des esclaves qui ne se sont pas encore élevés à la conscience de leur esclavage. Ce n'est pas tout à fait à tort que les planteurs du Sud considéraient comme de «grands enfants» les Noirs qui subissaient docilement leur paternalisme; dans la mesure où ils respectaient le monde des Blancs, la situation des esclaves noirs était exactement une situation infantile. Dans beaucoup de civilisations, cette situation est aussi celle des femmes qui ne peuvent que subir les lois, les dieux, les mœurs, les vérités créés par les mâles. Même aujourd'hui, dans les pays d'Occident, il y a encore beaucoup de femmes, parmi celles qui n'ont pas fait dans le travail l'apprentissage de leur liberté, qui s'abritent dans l'ombre des hommes; elles adoptent sans discussion les opinions et les valeurs reconnues par leur mari ou leur amant, et cela leur permet de développer des qualités enfantines interdites aux adultes parce qu'elles reposent sur un sentiment d'irresponsabilité. Si ce qu'on appelle la futilité des femmes a souvent tant de charme et de grâce, si parfois elle possède même un caractère émouvant d'authenticité, c'est que, tout comme les jeux enfantins, elle manifeste un goût gratuit et pur de l'existence, elle est absence de sérieux. Le malheur est qu'en beaucoup de cas cette insouciance, cette gaieté, ces inventions charmantes, impliquent une profonde complicité avec ce monde des hommes qu'elles semblent si gracieusement contester, et c'est à tort qu'on s'étonne de voir, dès que l'édifice qui les abrite semble en danger, des femmes sensibles, ingénues, légères, se montrer plus âpres, plus dures, voire plus furieuses ou plus cruelles que leurs maîtres. Alors on découvre quelle différence les distingue d'un véritable enfant : à l'enfant sa situation est imposée, tandis que la femme (j'entends la femme occidentale d'aujourd'hui) la choisit ou du moins y consent. L'ignorance, l'erreur sont des faits aussi inéluctables que les murs d'une prison ; l'esclave noir du XVIIIe siècle, la musulmane enfermée au fond d'un harem, n'ont aucun instrument qui leur permette d'attaquer, fût-ce en pensée, fût-ce par l'étonnement ou la colère, la civilisation qui les opprime : leur conduite ne se définit et ne saurait se juger qu'au sein de ce donné ; et il se peut que dans leur situation, limitée comme toute situation humaine, elles réalisent une parfaite affirmation de leur liberté. Mais, dès qu'une libération apparaît comme possible, ne pas exploiter cette possibilité est une démission de la liberté, démission qui implique la mauvaise foi et qui est une faute positive.

En fait il est très rare que le monde infantile se maintienne au-delà de l'adolescence. Dès l'enfance, déjà des failles s'y révèlent ; dans l'étonnement, la révolte, l'irrespect, l'enfant peu à peu s'interroge : pourquoi *faut*-il agir ainsi ? à

quoi est-ce utile ? et si moi j'agissais autrement,
qu'arriverait-il ? Il découvre sa subjectivité, il
découvre celle des autres. Et lorsqu'il arrive à
l'âge de l'adolescence, tout son univers se met
à vaciller parce qu'il aperçoit les contradictions
qui opposent les uns aux autres les adultes, et
aussi leurs hésitations, leurs faiblesses. Les
hommes cessent de lui apparaître comme des
dieux, et en même temps l'adolescent découvre
le caractère humain des réalités qui l'entourent :
le langage, les coutumes, la morale, les valeurs
ont leur source dans ces créatures incertaines ;
le moment est venu où il va être appelé à participer lui aussi à leur opération ; ses actes pèsent
sur terre autant que ceux des autres hommes, il
va lui falloir choisir et décider. On comprend
qu'il ait peine à vivre ce moment de son histoire, et c'est là sans doute la cause la plus profonde de la crise de l'adolescence : c'est que
l'individu doit enfin assumer sa subjectivité.
Par un certain côté l'écroulement du monde
sérieux est une délivrance. Irresponsable, l'enfant se sentait aussi sans défense en face des
puissances obscures qui dirigeaient le cours
des choses. Mais quelle que soit la joie de cette
libération, ce n'est pas sans un grand désarroi
que l'adolescent se trouve jeté dans un monde
qui n'est plus tout fait, qui est à faire, en proie
à une liberté que plus rien n'enchaîne, délaissé,
injustifié. En face de cette situation neuve, que

va-t-il faire ? C'est à ce moment qu'il se décide ; si l'histoire qu'on pourrait appeler naturelle d'un individu : sa sensualité, ses complexes affectifs, etc., dépend surtout de son enfance, c'est l'adolescence qui apparaît comme le moment du choix moral : alors la liberté se révèle et il faut décider de son attitude en face d'elle. Sans doute, cette décision peut toujours être remise en question, mais en fait les conversions sont difficiles, parce que le monde nous renvoie le reflet d'un choix qui se confirme à travers ce monde qu'il a façonné ; ainsi se noue un cercle de plus en plus rigoureux, d'où il devient de plus en plus improbable que l'on s'échappe. Le malheur qui vient à l'homme du fait qu'il a été un enfant, c'est donc que sa liberté lui a été d'abord masquée et qu'il gardera toute sa vie la nostalgie du temps où il en ignorait les exigences.

Ce malheur a une autre face encore. Le choix moral est libre, donc imprévisible ; l'enfant ne contient pas cet homme qu'il deviendra ; cependant c'est toujours à partir de ce qu'il a été qu'un homme décide de ce qu'il veut être : dans le caractère qu'il s'est donné, dans l'univers qui en est le corrélatif, il puise les motivations de son attitude morale ; or, ce caractère, cet univers, l'enfant les a constitués peu à peu sans en prévoir le développement ; il ignorait le visage inquiétant de cette liberté qu'il exerçait étourdiment, il s'abandonnait avec tranquillité à des caprices, des rires, des larmes, des colères qui lui semblaient sans lendemain et sans danger et qui cependant laissaient autour de lui des empreintes ineffaçables. Le drame du choix originel, c'est qu'il s'opère instant par instant pour la vie tout entière, c'est qu'il s'opère sans raison, avant toute raison, c'est que la liberté n'y est présente que sous la figure de la contingence ; cette contingence n'est pas sans rappeler l'arbitraire de la grâce distribuée par Dieu aux hommes dans la doctrine de Calvin ; ici aussi il y a une sorte de prédestination provenant non d'une tyrannie extérieure, mais de l'opération du sujet même. Seulement nous pensons qu'un recours de l'homme à lui-même est toujours possible ; il n'est pas de choix si malheureux qu'il ne puisse être sauvé.

C'est dans ce moment de la justification — moment qui s'étend à travers toute sa vie d'adulte — que l'attitude de l'homme se situe sur un plan moral ; la spontanéité contingente ne saurait être jugée au nom de la liberté. Cependant un enfant suscite déjà sympathie ou antipathie. Tout homme se jette dans le monde en se faisant manque d'être ; par là il contribue à le revêtir de signification humaine, il le dévoile ; et le plus déshérité éprouve parfois dans ce mouvement la joie d'exister : il manifeste alors l'existence comme un bonheur et le

monde comme source de joie. Mais il appartient à chacun de se faire manque d'aspects plus
ou moins divers, profonds et riches de l'être. Ce
qu'on appelle vitalité, sensibilité, intelligence
ne sont pas des qualités toutes faites, mais une
manière de se jeter dans le monde et de dévoiler l'être. Sans doute est-ce à partir de ses possibilités physiologiques que chacun s'y jette, mais
le corps même n'est pas un fait brut, il exprime
notre rapport au monde et c'est pourquoi il est
lui-même objet de sympathie ou de répulsion,
et d'autre part il ne *détermine* aucune conduite :
il n'y a vitalité que par une libre générosité, l'intelligence suppose la bonne volonté, et inversement un homme n'est jamais stupide s'il adapte
son langage et sa conduite à ses capacités, et
la sensibilité n'est autre chose que la présence
attentive au monde et à soi-même. Le prix de
ces qualités spontanées provient de ce qu'elles
font apparaître dans le monde des significations,
des buts ; elles découvrent des raisons d'exister,
elles nous confirment dans l'orgueil et la joie
de notre destin d'homme ; dans la mesure où
elles subsistent dans un individu et même s'il
s'est rendu haïssable par le sens qu'il a donné
à sa vie, elles suscitent encore la sympathie :
j'ai entendu dire qu'au procès de Nuremberg,
Goering exerçait sur ses juges une certaine
séduction à cause de la vitalité qui émanait
de lui.

Si l'on essaie d'établir entre les hommes une espèce de hiérarchie, on mettra au plus bas degré de l'échelle ceux qui sont dénués de cette chaleur vivante : les tièdes dont parle l'Évangile. Exister, c'est *se faire* manque d'être, c'est se *jeter* dans le monde : on peut considérer comme des sous-hommes ceux qui s'emploient à retenir ce mouvement originel ; ils ont des yeux et des oreilles, mais ils se font dès l'enfance aveugles et sourds, sans amour, sans désir. Cette apathie manifeste une peur fondamentale devant l'existence, devant les risques et la tension qu'elle implique ; le sous-homme refuse cette « passion » qu'est sa condition d'homme, le déchirement et l'échec de cet élan vers l'être qui toujours manque son but, mais par là c'est l'existence même qu'il refuse. Un tel choix se confirme aussitôt lui-même. De même que d'un seul mouvement un mauvais peintre peint de mauvais tableaux et s'en contente, tandis que dans une œuvre de valeur l'artiste rencontre aussitôt l'exigence d'une œuvre plus haute, de même la pauvreté primitive de son projet dispense le sous-homme de chercher à le légitimer : il ne découvre autour de lui qu'un monde insignifiant et terne ; comment ce monde dépouillé susciterait-il en lui un désir de sentir, de comprendre, de vivre ? Moins il existe, moins il y a pour lui de raisons d'exister, puisque ces raisons ne se créent qu'en existant.

Il existe cependant; du fait qu'il se transcende, il indique certains buts, il circonscrit certaines valeurs : mais il efface aussitôt ces ombres
incertaines, toutes ses conduites tendent vers
une annulation de leurs fins, il réduit à néant
le sens de son dépassement par l'incohérence
de ses projets, ses caprices désordonnés ou son
indifférence; ses actes ne sont jamais des choix
positifs : seulement des fuites. Il ne peut s'empêcher d'être présence au monde : mais il
maintient cette présence sur le plan de la facticité nue.

Cependant, s'il était permis à un homme
d'être un fait brut, il se confondrait avec les
arbres et les cailloux qui ne savent pas qu'ils
existent; nous considérerions avec indifférence
ces vies opaques et tranquilles. Mais le sous-
homme suscite le mépris : c'est-à-dire qu'on le
reconnaît pour responsable de lui-même dans
le moment où on lui reproche de ne pas se vouloir; et en effet, aucun homme n'est un donné
passivement subi; le refus de l'existence est
encore une manière d'exister, personne ne peut
connaître vivant la paix du tombeau. En cela
réside l'échec du sous-homme. Il voudrait s'oublier, s'ignorer, être absent du monde et de soi-
même, mais le néant qui est au cœur de
l'homme, c'est aussi la conscience qu'il a de lui-
même; sa négativité se révèle positivement
comme angoisse, désir, appel, déchirement,

mais cet authentique retour au positif, le sous-homme l'élude; autant que de l'engagement d'un projet, il a peur d'une disponibilité qui le laisserait en danger devant l'avenir, au milieu de ses possibilités; il est amené par là à se réfugier dans les valeurs toutes prêtes du monde sérieux; il affichera certaines opinions, il s'abritera derrière une étiquette; et pour cacher son indifférence il s'abandonnera volontiers à des violences verbales ou même à des emportements physiques; monarchiste hier, anarchiste aujourd'hui, il est plus volontiers antisémite, anticlérical, antirépublicain. Ainsi, bien que nous l'ayons défini comme refus et fuite, le sous-homme n'est pas un être inoffensif: il se réalise dans le monde comme une force aveugle, incontrôlée, que n'importe qui peut capter. Dans les lynchages, les pogromes, dans tous les grands mouvements sanglants et sans risques qu'organise le fanatisme du sérieux et de la passion, c'est parmi les sous-hommes que se recrute la main-d'œuvre. C'est pourquoi tout homme qui se veut libre au sein d'un monde humain façonné par des hommes libres éprouvera pour le sous-homme tant de dégoût; la morale, c'est le triomphe de la liberté sur la facticité; et le sous-homme ne réalise que la facticité de son existence; au lieu d'agrandir le règne humain, il oppose aux projets des autres hommes sa résistance inerte. Dans le monde qu'une telle existence dévoile aucun projet n'a de sens, l'homme est défini comme une fuite hagarde ; le monde autour de lui est incohérent et nu ; rien n'arrive jamais, rien ne mérite un désir ou un effort. À travers un monde privé de sens, le sous-homme s'achemine vers une mort qui ne fait que confirmer sa longue négation de lui-même. Seule se révèle dans cette expérience l'absurde facticité d'une existence qui demeure à jamais injustifiée si elle n'a pas su se justifier.

C'est dans l'ennui que le sous-homme éprouve le désert du monde ; et le caractère étranger d'un univers avec lequel il n'a créé aucun lien suscite aussi en lui la peur. Écrasé par les événements présents, il est égaré devant les ténèbres de l'avenir que hantent des spectres effrayants : la guerre, la maladie, la révolution, le fascisme, le bolchevisme. Ces dangers sont d'autant plus redoutables qu'ils sont plus indistincts ; le sous-homme ne sait trop ce qu'il a à perdre, puisqu'il ne possède rien, mais cette incertitude même renforce sa terreur : ce qu'il craint en fait, c'est que le choc de l'imprévu le rappelle à l'angoissante conscience de lui-même.

Ainsi, si fondamentale que soit la peur d'un homme devant l'existence, eût-il choisi dès son plus jeune âge de nier sa présence au monde, il ne saurait empêcher qu'il n'existe, il ne peut effacer l'évidence angoissante de sa liberté.

C'est pourquoi, nous venons de le voir, afin de
se délivrer de sa liberté il est amené à l'engager
positivement. L'attitude de sous-homme passe
logiquement dans celle de l'homme sérieux : il
s'efforce d'engloutir sa liberté dans le contenu
que celui-ci accepte de la société, il se perd
dans l'objet afin d'anéantir sa subjectivité. Cette
attitude a été si souvent décrite qu'il ne sera pas
nécessaire de la considérer longuement. Hegel
lui a consacré des pages ironiques dans la *Phénoménologie de l'Esprit*; il a montré que l'homme
sérieux se posait comme l'inessentiel en face de
l'objet considéré comme essentiel; il s'abolit au
profit de la Chose qui, sanctifiée par le respect,
apparaît sous figure de Cause : science, philosophie, révolution, etc. Mais en vérité cette ruse
échoue, car la Cause ne saurait sauver l'individu en tant qu'existence concrète et séparée.
Après Hegel, Kierkegaard, Nietzsche ont aussi
raillé la lourdeur mensongère de l'esprit sérieux.
Et *L'Être et le Néant* est en grande partie une description de l'homme sérieux et de son univers.
L'homme sérieux se débarrasse de sa liberté en
prétendant la subordonner à des valeurs qui
seraient inconditionnées; il imagine que l'ac-
cession à ces valeurs le valorise lui-même d'une
manière permanente : bardé de « droits », il se
réalise comme un *être* échappant au déchirement de l'existence. Le sérieux ne se définit
pas par la nature des fins poursuivies; une élé-

gante frivole peut avoir l'esprit de sérieux autant qu'un ingénieur. Il y a sérieux dès que la liberté se renie au profit de fins qu'on prétend absolues.

Tout ceci étant bien connu, nous voudrions proposer seulement quelques remarques. On comprend facilement pourquoi de toutes les attitudes inauthentiques celle-ci est la plus répandue : c'est que tout homme a d'abord été un enfant ; après avoir vécu sous le regard des dieux, promis soi-même à la divinité, on n'accepte pas volontiers de redevenir dans l'inquiétude et le doute tout simplement un homme. Que faire ? que croire ? Souvent le jeune homme qui n'a pas d'abord, comme le sous-homme, refusé l'existence de manière que ces questions ne se posent même pas, s'effraie cependant d'avoir à y répondre ; après une crise plus ou moins longue, il se retourne vers le monde de ses parents et de ses maîtres, ou bien il adhère à des valeurs neuves, mais qui lui semblent aussi sûres. Au lieu d'assumer une affectivité qui le jetterait dangereusement en avant de lui-même, il la refoule ; la liquidation sous sa forme classique : transfert, sublimation, c'est un passage de l'affectif au sérieux dans l'ombre propice de la mauvaise foi. Ce qui importe à l'homme sérieux, ce n'est pas tant la nature de l'objet qu'il préfère à lui-même : c'est le fait de pouvoir se perdre en lui. Si bien que le mouvement vers l'objet est en vérité par son arbitraire l'affirmation la plus radicale de la subjectivité : croire pour croire, vouloir pour vouloir, c'est, détachant la transcendance de sa fin, réaliser sa liberté sous la forme vide et absurde de liberté d'indifférence.

La mauvaise foi de l'homme sérieux provient de ce qu'il est obligé de sans cesse renouveler le reniement de cette liberté ; il choisit de vivre dans un monde infantile : mais à l'enfant les valeurs sont réellement données ; l'homme sérieux doit masquer ce mouvement par lequel il se les donne, telle la mythomane qui feint d'oublier, en lisant une lettre d'amour, qu'elle se l'est envoyée à elle-même. Nous avons indiqué déjà que, dans l'univers du sérieux, certains adultes peuvent vivre avec bonne foi : ceux à qui est refusé tout instrument d'évasion, ceux qu'on asservit ou qu'on mystifie. Moins les circonstances économiques et sociales permettent à un individu d'agir sur le monde, plus ce monde lui apparaît comme donné. C'est le cas des femmes qui héritent d'une longue tradition de soumission, et de ceux qu'on appelle les humbles ; il y a souvent de la paresse et de la timidité dans leur résignation, leur bonne foi n'est pas entière ; mais dans la mesure où elle existe, leur liberté demeure disponible, elle ne se renie pas ; ils peuvent dans leur situation d'individus ignorants, impuissants, connaître la vérité de l'existence et s'élever à une vie proprement morale. Il arrive même que la liberté ainsi conquise, ils la retournent contre l'objet même de leur respect; ainsi, dans *Maison de poupée*, la naïveté enfantine de l'héroïne la conduit à une révolte contre le mensonge du sérieux. Au contraire, l'homme qui a les instruments nécessaires pour s'évader de ce mensonge et qui ne veut pas en user, celui-là consume sa liberté à la refuser; il se fait lui-même sérieux, il dissimule sa subjectivité sous l'armure de droits qui émanent de l'univers éthique reconnu par lui; il n'est plus un homme, mais un père, un chef, un membre de l'Église chrétienne ou du Parti communiste.

Si l'on renie la tension subjective de la liberté, on s'interdit évidemment de vouloir universellement la liberté dans un mouvement indéfini; du fait qu'il refuse de reconnaître qu'il constitue librement la valeur de la fin qu'il pose, l'homme sérieux se fait l'esclave de cette fin; il oublie que tout but est en même temps un point de départ et que la liberté humaine est l'ultime, l'unique fin à laquelle l'homme doive se destiner. Il accorde un sens absolu à cette épithète *utile* qui, en vérité, n'a pas plus de sens, si on la prend isolément, que les mots haut, bas, droite, gauche; elle ne désigne qu'un rapport et elle appelle un complément: utile *à* ceci ou cela; le complément lui-même doit être mis en question et, comme nous le verrons plus loin, c'est alors tout le problème de l'action qui se pose. Mais l'homme sérieux ne met rien en question ; pour le militaire, l'armée est utile ; pour l'administrateur colonial, la route ; pour le révolutionnaire sérieux, la révolution : armée, route, révolution, production devenant des idoles inhumaines auxquelles on n'hésitera pas à sacrifier l'homme lui-même. Par là, l'homme sérieux est dangereux ; il est naturel qu'il se fasse tyran. Méconnaissant avec mauvaise foi la subjectivité de son choix, il prétend qu'à travers lui s'affirme la valeur inconditionnée de l'objet ; et d'un même mouvement il méconnaît aussi la valeur de la subjectivité et de la liberté d'autrui, si bien que, les sacrifiant à la chose, il se persuade que ce qu'il sacrifie n'est rien. L'administrateur colonial qui a élevé la route à la hauteur d'une idole n'aura pas de scrupule à en assurer la construction au prix d'un grand nombre de vies d'indigènes ; car quelle est la valeur d'une vie d'indigène maladroit à construire des routes, inefficace ou paresseux ? Le sérieux conduit à un fanatisme aussi redoutable que le fanatisme de la passion : c'est le fanatisme de l'Inquisition qui n'hésite pas à imposer un credo, c'est-à-dire un mouvement intérieur, par des contraintes extérieures ; c'est le fanatisme des Vigilants d'Amérique qui défendent la moralité par des lynchages ; c'est le fanatisme politique qui vide la politique de tout contenu humain et impose l'État non pour les individus, mais contre eux.

Pour justifier ce que ces conduites ont de contradictoire, d'absurde, de scandaleux, l'homme sérieux se réfugie volontiers dans une contestation du sérieux, mais c'est le sérieux d'autrui qu'il conteste, non le sien propre. Ainsi l'administrateur colonial n'ignore pas le jeu de l'ironie ; il conteste l'importance du bonheur, du confort, de la vie même de l'indigène, mais il révère la Route, l'Économie, l'Empire français, il se révère lui-même comme serviteur de ces divinités. Presque tous les hommes sérieux cultivent une légèreté profitable ; on connaît la gaieté de bon aloi des catholiques, le «sens de l'humour» fasciste. Il en est aussi qui n'éprouvent pas même le besoin d'une telle arme ; ils se masquent l'incohérence de leur choix par la fuite. Dès que l'Idole n'est plus concernée, l'homme sérieux glisse vers l'attitude du sous-homme ; il se retient d'exister, parce qu'il n'est pas capable d'exister sans garantie. Proust remarquait avec étonnement qu'un grand médecin, un grand professeur se montrent souvent, en dehors de leur spécialité, démunis de sensibilité, d'intelligence, d'humanité : c'est qu'ayant abdiqué leur liberté il ne leur reste plus que des techniques ; dans les domaines où leur technique ne vaut plus, ou

bien ils adhèrent aux valeurs les plus courantes,
ou bien ils ne se réalisent que comme fuite.
L'homme sérieux engloutit opiniâtrement sa
transcendance dans l'objet qui barre l'horizon,
verrouille le ciel ; le reste du monde est un
désert sans visage. Ici encore on voit comme un
tel choix se confirme aussitôt ; s'il n'y *a* de l'être
que sous la forme, par exemple, de l'Armée,
comment le militaire voudrait-il autre chose que
de multiplier les casernes et les manœuvres ?
Aucun appel ne monte des zones abandonnées
où on ne peut rien récolter parce que rien n'y
a été semé ; dès qu'il quitte l'état-major, le
vieux général devient sourd. C'est pourquoi, si
l'homme sérieux se trouve coupé de ses fins,
sa vie perd tout sens ; d'ordinaire il ne mise pas
sur un seul tableau ; mais s'il arrive que l'échec
ou la vieillesse ruinent toutes ses justifications,
alors, à moins d'une conversion toujours possible, il n'a plus de secours que dans la fuite ;
ruiné, déshonoré, cet important n'est plus
qu'un « homme fini » ; il rejoint exactement le
sous-homme, à moins qu'il ne mette définitivement fin, par un suicide, au supplice de sa
liberté.

  C'est dans la peur que l'homme sérieux
éprouve cette dépendance par rapport à l'objet ;
et la première des vertus, c'est à ses yeux la
prudence. Il n'échappe à l'angoisse de la liberté
que pour tomber dans la préoccupation, dans le

souci ; tout lui est menace, puisque la chose érigée en idole, étant extériorité, se trouve en relation avec l'univers entier, donc menacée par l'univers entier ; et comme, en dépit de toutes les précautions, il ne sera jamais le maître de ce monde extérieur auquel il a consenti à se soumettre, il sera sans cesse contrarié par le cours incontrôlable des événements ; sans cesse il se déclarera déçu, car sa volonté de figer le monde en chose est démentie par le mouvement même de la vie ; l'avenir contestera ses réussites présentes ; ses enfants lui désobéiront, des volontés étrangères s'opposeront à la sienne, il sera en proie à la mauvaise humeur et à l'aigreur. Ses succès mêmes ont un goût de cendre ; car le sérieux est une des manières de chercher à réaliser l'impossible synthèse de l'en-soi et du pour-soi ; l'homme sérieux se veut dieu ; il ne l'est pas et il le sait. Il veut se délivrer de sa subjectivité, mais sans cesse elle risque de se démasquer, elle se démasque. Transcendant tous les buts, la réflexion se demande : à quoi bon ? Alors éclate l'absurdité d'une vie qui a cherché en dehors d'elle les justifications qu'elle seule pouvait se donner ; détachées de la liberté qui les eût fondées authentiquement, toutes les fins poursuivies apparaissent comme arbitraires, inutiles.

Cet échec du sérieux amène parfois un renversement radical. Conscient de ne pouvoir rien être, l'homme décide alors de n'être rien ;

c'est l'attitude que nous appellerons nihiliste. Le nihiliste est proche de l'esprit de sérieux, car au lieu de réaliser sa négativité comme mouvement vivant, il conçoit son anéantissement d'une manière substantielle ; il veut n'*être* rien et ce néant qu'il rêve est encore une sorte d'être, exactement l'antithèse hégélienne de l'être, un donné immobile. Le nihilisme est le sérieux déçu et se retournant sur lui-même. Un tel choix ne se rencontre pas chez ceux qui, éprouvant l'existence comme joie, en assument la gratuité ; il apparaît, soit au moment de l'adolescence, quand l'individu, voyant s'écrouler son univers d'enfant, ressent le manque qui est en son cœur, soit plus tard, quand ont échoué les tentatives pour se réaliser comme être ; en tout cas, chez des hommes qui souhaitent se délivrer de l'inquiétude de leur liberté en niant le monde et eux-mêmes. Par ce refus, ils se rapprochent du sous-homme ; la différence, c'est que leur recul n'est pas originel ; ils se sont d'abord jetés dans le monde, parfois même avec générosité ; ils existent, ils le savent.

Il arrive que, dans sa déception, un homme garde une sorte d'attachement pour le monde sérieux ; c'est ainsi que, dans l'étude qu'il lui a consacrée, Sartre décrit Baudelaire ; Baudelaire éprouve une cuisante rancune à l'égard des valeurs de son enfance, mais la rancune enveloppe encore du respect ; seul le mépris délivre.

Il a besoin que l'univers qu'il refuse se perpétue, afin de le détester et de le bafouer ; c'est
l'attitude du démoniaque, telle que l'a décrite
aussi Jouhandeau : on maintient avec entêtement les valeurs de l'enfance, celles d'une
société ou d'une Église, afin de pouvoir les fou-
ler aux pieds. Le démoniaque est encore tout
proche du sérieux, il veut y croire, il le confirme
par sa révolte même ; il s'éprouve comme négation et liberté, mais il ne réalise pas cette liberté
comme libération positive.

On peut aller beaucoup plus loin dans le
refus, s'employant non à bafouer, mais à anni-
hiler le monde refusé et soi-même avec lui. Cet
homme par exemple qui se donne à une cause
qu'il sait perdue, il choisit de confondre le
monde avec un de ses aspects qui porte en soi
le germe de sa ruine, s'engageant dans cet univers condamné et se condamnant avec lui. Cet
autre consacre son temps et ses forces à une
entreprise qui n'était pas d'abord vouée à
l'échec mais qu'il s'acharne lui-même à ruiner.
Cet autre encore renie l'un après l'autre chacun
de ses projets, les brisant en multiples caprices
et, par là, annulant systématiquement les fins
qu'il vise. La constante négation du mot par le
mot, de l'acte par l'acte, de l'art par l'art, s'est
trouvée réalisée par l'incohérence dadaïste ;
en appliquant une consigne de désordre et
d'anarchie, on obtenait une abolition de toutes

les conduites, donc de toutes les fins et de soi-
même.

Mais cette volonté de négation se donne un
perpétuel démenti, car dans le moment où elle
se déploie elle se manifeste comme présence ;
elle implique donc une tension constante, inversement symétrique de la tension existentielle et
plus douloureuse ; car s'il est vrai que l'homme
n'est pas, il est vrai aussi qu'il existe ; et pour
réaliser positivement sa négativité il lui faudra
contredire sans cesse le mouvement de l'existence. Si on ne se résigne pas au suicide, on
glisse facilement vers une attitude plus stable
que le refus crispé du nihilisme. Le surréalisme
nous fournit un exemple historique et concret
de différentes évolutions possibles. Certains de
ses adeptes, tels Vaché, Crevel, ont eu recours
à la solution radicale du suicide ; d'autres ont
détruit leur corps et ruiné leur esprit par les
drogues ; d'autres ont réussi une sorte de suicide moral ; à force de dépeupler le monde
autour d'eux, ils se sont trouvés dans un désert,
eux-mêmes descendus au niveau du sous-
homme ; ils n'essaient plus de fuir, ils fuient. Il
y en a aussi qui ont recherché à nouveau la
sécurité du sérieux ; ils se sont rangés, choisissant arbitrairement comme refuges le mariage,
la politique, la religion. Ceux mêmes des surréalistes qui ont voulu demeurer fidèles à eux-
mêmes n'ont pu éviter le retour au positif, au

sérieux. La négation des valeurs esthétiques, spirituelles, morales, est devenue une éthique ; le dérèglement, une règle ; on a assisté à l'édification d'une nouvelle Église avec ses dogmes, ses rites, ses fidèles, ses prêtres et même ses martyrs ; plus rien de destructeur aujourd'hui chez Breton : c'est un pape. Et comme tout assassinat de la peinture est encore un tableau, bien des surréalistes se sont trouvés les auteurs d'œuvres positives : leur révolte est devenue la matière sur laquelle s'est édifiée leur carrière. Enfin quelques-uns d'entre eux ont su, dans un authentique retour au positif, réaliser leur liberté ; ils lui ont donné un contenu sans la renier ; ils se sont engagés sans se perdre dans une action politique, dans des recherches intellectuelles ou artistiques, dans une vie familiale ou sociale.

L'attitude du nihiliste ne peut se perpétuer comme telle que si elle se découvre en son cœur même comme positivité. Refusant son existence, le nihiliste doit aussi refuser les existences qui la confirment. S'il se veut néant, il faut aussi que toute l'humanité soit anéantie ; sinon par la présence de ce monde qu'autrui dévoile, il se rencontre lui-même comme présence au monde ; mais cette soif de destruction prend aussitôt la figure d'une volonté de puissance ; le goût du néant rejoint le goût originel de l'être, par où tout homme se définit d'abord ; il se réalise comme être en se faisant celui par qui le néant vient au monde. Ainsi le nazisme était à la fois volonté de puissance et volonté de suicide. On y rencontre historiquement bien d'autres choses encore et en particulier, à côté du noir romantisme qui a incité Rauschnig à intituler son ouvrage *La Révolution du nihilisme*, on y trouve aussi un morne sérieux ; c'est que le nazisme s'est mis au service du sérieux petit-bourgeois. Mais il est intéressant de remarquer que son idéologie ne rendait pas cette alliance impossible ; car le sérieux se rallie souvent à un nihilisme partiel, niant tout ce qui n'est pas son objet afin de se dissimuler les antinomies de l'action.

Un exemple assez pur de ce nihilisme passionné, c'est, on le sait, Drieu la Rochelle. *La Valise vide* est le témoignage d'un jeune homme qui ressentait d'une manière aiguë le fait d'exister comme manque d'être, de ne pas être ; c'est là une expérience authentique, à partir de laquelle le seul salut possible est d'assumer le manque, de donner raison à l'homme qui existe contre l'idée d'un Dieu qui n'existe pas. Au contraire — un roman comme *Gilles* en est la preuve, — Drieu s'est entêté dans sa déception ; il a choisi, dans la haine de lui-même, de refuser sa condition d'homme, ce qui l'a conduit à haïr avec soi tous les hommes. Gilles ne connaît de satisfaction qu'au moment où il tire sur les ouvriers espagnols et voit couler un sang qu'il compare au sang rédempteur du Christ ; comme si le seul salut pour l'homme, c'était la mort des autres hommes, par où s'accomplit enfin la parfaite négation. Il est naturel que ce chemin ait abouti à la collaboration, la ruine d'un monde détesté se confondant pour Drieu avec l'annulation de lui-même. Un échec extérieur l'a conduit à donner à sa vie la conclusion que dialectiquement elle appelait : le suicide.

L'attitude nihiliste manifeste une certaine vérité : l'ambiguïté de la condition humaine y est éprouvée ; mais l'erreur, c'est qu'elle définit l'homme non comme l'existence positive d'un manque, mais comme un manque au cœur de l'existence, alors qu'en vérité l'existence ne se manque pas en tant que telle. Et si la liberté s'éprouve ici sous une forme de refus, elle ne s'accomplit pas authentiquement. Le nihiliste a raison de penser que le monde ne *possède* aucune justification et que lui-même n'*est* rien ; mais il oublie qu'il lui appartient de justifier le monde et de se faire exister valablement. Au lieu d'intégrer la mort à la vie, il voit en elle la seule vérité de la vie qui ne lui apparaît que comme une mort déguisée ; cependant il y a la vie et le nihiliste se sait vivant ; c'est en cela que réside son échec : il refuse l'existence sans parvenir à l'abolir ; il dénie tout sens à sa transcendance et cependant il se transcende. Un homme épris de liberté peut trouver un allié dans le nihiliste parce qu'ils contestent ensemble le monde sérieux ; mais il voit aussi en lui un ennemi en tant que le nihiliste est refus systématique du monde et de l'homme ; et si ce refus s'achève en volonté positive de destruction, alors il instaure une tyrannie contre laquelle la liberté doit se dresser.

La faute fondamentale du nihiliste, c'est que, récusant toutes les valeurs données, il ne retrouve pas, par-delà leur ruine, l'importance de cette fin universelle, absolue, qu'est la liberté elle-même. Il se peut que dans cette faillite un homme garde néanmoins le goût d'une existence qu'il éprouve originellement comme joie ; n'espérant aucune justification, il se complaira cependant à vivre ; il ne se détournera pas des choses auxquelles il ne croit pas ; il cherchera en elles le prétexte à un déploiement gratuit de son activité. Un tel homme est ce qu'on appelle couramment un aventurier. Il se jette avec ardeur dans des entreprises : exploration, conquête, guerre, spéculation, amour, politique, mais il ne s'attache pas à la fin visée ; seulement à sa conquête. Il aime l'action pour l'action, il trouve sa joie à déployer à travers le monde une liberté qui demeure indifférente à son contenu. Que le goût de l'aventure apparaisse sur un fond de désespoir nihiliste ou qu'il naisse directement de l'expérience des jeux heureux de l'enfance, il implique toujours que la liberté se réalise comme indépendance à l'égard du monde sérieux et que, d'autre part, l'ambiguïté de l'existence soit éprouvée non comme un manque mais sous sa figure positive. Cette attitude enveloppe dialectiquement la contestation du sérieux par le nihilisme, celle du nihilisme par l'existence comme telle ; mais, bien entendu, l'histoire concrète d'un individu n'épouse pas nécessairement cette dialectique du fait que sa condition lui est tout entière présente à chaque instant et que sa liberté en face d'elle est en chaque instant totale ; dès l'adolescence, un homme peut se définir comme aventurier ; l'union d'une vitalité originelle généreuse et d'un scepticisme réflexif conduira plus particulièrement à ce choix.

Ce choix est très proche, on le voit, d'une attitude authentiquement morale. L'aventurier ne se propose pas d'être ; il se fait délibérément manque d'être, il vise expressément l'existence ; engagé dans son entreprise, il est en même temps détaché du but ; qu'il réussisse ou qu'il échoue, le voilà qui se jette dans une entreprise nouvelle à laquelle il se donnera avec la même ardeur indifférente ; ce n'est pas des choses qu'il attend la justification de ses choix. À la considérer dans le moment de sa subjectivité, une telle conduite est conforme aux exigences de la morale et si l'existentialisme était, comme on le prétend généralement, un solipsisme, il devrait regarder l'aventurier comme son héros le plus achevé.

Il faut remarquer d'abord que l'attitude de l'aventurier n'est pas toujours pure. À travers les apparences du caprice il y a beaucoup d'hommes qui poursuivent avec un total sérieux quelque secrète fin : fortune par exemple, ou gloire. Ils proclament leur scepticisme à l'égard des valeurs reconnues ; ils ne prennent pas la politique au sérieux ; ils s'en autorisent pour se faire collaborationnistes en 41, communistes en 45 ; et il est vrai qu'ils se moquent des intérêts français, de ceux du prolétariat, mais ils sont attachés à leur carrière, à leur réussite ; cet arrivisme sans scrupule est aux antipodes de l'esprit d'aventure, car le goût de l'existence n'y est jamais éprouvé dans sa gratuité. Il arrive aussi que l'amour authentique de l'aventure soit inextricablement mêlé à un attachement aux valeurs du sérieux : Cortez et les conquistadores servaient Dieu et l'empereur tout en servant leur plaisir. L'aventure peut être aussi pénétrée de passion ; le goût de la conquête se lie souvent subtilement à celui de la possession. Don Juan n'aime-t-il que séduire ? N'aime-t-il pas aussi les femmes ? Ou même, ne cherche-t-il pas une femme capable de le combler ?

Mais même si nous considérons l'aventure dans sa pureté, elle ne nous paraît satisfaisante que dans un moment subjectif qui est en vérité un moment tout abstrait; l'aventurier sur son chemin rencontre toujours autrui; le conquistador rencontre les Indiens; le condottiere se fraie une route à travers le sang et les ruines; l'explorateur a des camarades autour de lui ou des soldats sous ses ordres; en face de tout don Juan il y a des Elvire; toute entreprise se déroule dans un monde humain et intéresse les hommes. Ce qui distingue l'aventure d'un simple jeu, c'est que l'aventurier ne se borne pas à affirmer solitairement son existence; il l'affirme par rapport à d'autres existences : il lui faut prendre parti.

Deux attitudes sont possibles. Il peut prendre conscience des véritables exigences de sa propre liberté; celle-ci ne peut se vouloir qu'en se destinant à un avenir ouvert, en cherchant à se prolonger par la liberté d'autrui; il faut donc en tout cas respecter la liberté des autres hommes et les aider à se libérer; une telle loi impose des limites à l'action et, en même temps, elle lui donne aussitôt un contenu; par-delà le sérieux refusé, on retrouve une gravité authentique. Mais l'homme qui agit ainsi à fin de libération de lui-même et des autres, qui s'efforce de respecter cette fin à travers les moyens qu'il emploie pour l'atteindre, ne mérite plus le nom d'aventurier. On ne songe pas, par exemple, à l'appliquer à un Lawrence, si avare du sang de ses compagnons, si respectueux de la vie et de la liberté d'autrui, si tourmenté par les problèmes humains que soulève toute action. On se trouve alors en présence d'un homme authentiquement libre.

Celui qu'on appelle aventurier, au contraire, c'est celui qui demeure indifférent au contenu, c'est-à-dire au sens humain de son action, celui qui croit pouvoir affirmer sa propre existence sans tenir compte de celle d'autrui : peu importe au condottiere le sort de l'Italie ; à Pizarre les massacres des Indiens ; à don Juan les larmes d'Elvire. Indifférents à la fin qu'ils se proposent, ils sont plus indifférents encore aux moyens de l'atteindre ; ils ne se soucient que de leur plaisir ou de leur gloire. Ceci implique que l'aventurier partage le mépris du nihiliste envers les hommes ; et c'est par ce mépris même qu'il croit s'arracher à la condition méprisable dans laquelle stagnent ceux qui n'imitent pas son orgueil ; rien ne l'empêche donc de sacrifier ces êtres insignifiants à sa propre volonté de puissance ; il les traitera comme des instruments, il les détruira s'ils lui font obstacle. Mais voilà qu'alors il apparaît aux yeux d'autrui comme un ennemi ; son entreprise n'est pas seulement une gageure individuelle, elle est un combat ; il ne peut gagner la partie sans se faire tyran ou bourreau. Et comme il ne saurait imposer sans secours cette tyrannie, le voilà obligé de servir le régime qui lui permettra de l'exercer ; il lui faut de l'argent, des armes, des soldats, ou bien l'appui des gendarmes et des lois. Ce n'est pas un hasard, c'est une nécessité dialectique qui conduit l'aventurier à montrer de la complaisance à tous les régimes qui défendent les privilèges d'une classe ou d'un parti et plus particulièrement aux régimes autoritaires et au fascisme. Il a besoin de fortune, de loisir, de jouissance, et il prendra ces biens comme des fins suprêmes pour être en mesure de demeurer libre à l'égard de toute fin ; par là, confondant avec la liberté véritable une disponibilité tout extérieure, il tombe, sous prétexte d'indépendance, dans la servitude de l'objet. Il se rangera du côté des régimes qui lui garantissent ses privilèges et il préférera ceux qui le confirment dans son mépris à l'endroit du commun des hommes ; il s'en fera le complice, le serviteur ou même le valet, aliénant une liberté qui ne peut en réalité se confirmer comme telle si elle ne revêt pas sa figure véritable. Pour avoir voulu la limiter à elle-même, pour l'avoir vidée de tout contenu concret, il ne la réalise que comme une indépendance abstraite qui se retourne en servitude ; il doit se soumettre à des maîtres, à moins qu'il ne se fasse lui-même le maître suprême ; il suffit de circonstances favorables pour transformer l'aventurier en dictateur ; il en porte en lui le germe puisqu'il regarde l'humanité comme la matière indifférente destinée à supporter le jeu de son existence. Mais ce qu'il connaîtra alors, c'est la suprême servitude de la tyrannie.

La critique adressée par Hegel au tyran s'applique à l'aventurier dans la mesure où il est lui-même tyran ou tout au moins complice de l'oppresseur ; aucun homme ne peut se sauver seul. Sans doute, au cours même de l'action, l'aventurier peut connaître une joie qui se suffit à elle-même, mais une fois l'entreprise achevée et figée derrière lui en chose, il faut, pour qu'elle demeure vivante, qu'une intention humaine l'anime à nouveau, la transcende vers l'avenir dans la reconnaissance ou dans l'admiration ; en mourant, c'est sa vie tout entière que l'aventurier abandonnera entre les mains des hommes ; elle n'aura que le sens qu'ils lui accorderont ; il le sait puisqu'il se raconte, et souvent même dans des livres ; beaucoup souhaitent léguer à la postérité, à défaut d'une œuvre, leur propre figure ; du moins ont-ils besoin, de leur vivant, de l'approbation de quelques fidèles. Oublié, détesté, l'aventurier perd le goût de sa propre existence ; sans le savoir peut-être, c'est encore à travers autrui qu'elle lui semblait si précieuse ; elle se voulait une affirmation, un exemple à la face de toute l'humanité : elle devient vaine et injustifiée dès qu'elle retombe sur elle-même.

Ainsi, l'aventurier ébauche une conduite morale parce qu'il assume positivement sa subjectivité ; mais s'il refuse avec mauvaise foi de reconnaître que cette subjectivité se transcende nécessairement vers autrui, il s'enfermera dans une fausse indépendance qui sera en vérité servitude. Pour l'homme libre, il ne sera qu'un allié de hasard auquel on n'accorde pas confiance, il deviendra facilement un ennemi. Sa faute, c'est de croire qu'on peut quelque chose pour soi sans les autres et même contre eux.

L'homme passionné est en quelque sorte l'antithèse de l'aventurier. Chez lui aussi s'ébauche la synthèse de la liberté et de son contenu ; mais chez l'aventurier, c'est le contenu qui ne réussit pas à s'accomplir authentiquement ; tandis que chez le passionné, c'est la subjectivité qui échoue à se confirmer elle-même.

Ce qui caractérise le passionné, c'est qu'il pose l'objet comme un absolu, non pas, à la manière de l'homme sérieux, en tant que chose détachée de lui, mais en tant que dévoilé par sa subjectivité. Il y a des transitions entre le sérieux et la passion ; un but qui a d'abord été voulu au nom du sérieux peut devenir objet de passion ; inversement, un attachement passionné peut se dessécher en rapport sérieux. Mais la véritable passion revendique la subjectivité de son engagement ; en particulier dans la passion amoureuse, on ne souhaite pas que l'être aimé soit admiré objectivement; on préfère le penser inconnu, méconnu; on pense se l'approprier davantage si l'on est seul à en dévoiler le prix. C'est là ce que toute passion présente d'authentique; le moment de la subjectivité s'y affirme avec éclat sous sa forme positive, dans un mouvement vers un objet. C'est seulement quand la passion s'est dégradée en besoin organique qu'elle cesse de se choisir; mais tant qu'elle demeure vivante, c'est que la subjectivité l'anime : sinon orgueil, du moins complaisance et entêtement. En même temps qu'elle est assomption de cette subjectivité, elle est aussi dévoilement d'être; elle contribue à peupler le monde d'objets désirables, de significations émouvantes. Seulement, dans les passions que nous appellerons maniaques pour les distinguer des passions généreuses, la liberté ne trouve pas sa figure authentique; le passionné cherche la possession, il cherche à atteindre l'être; on a décrit assez souvent son échec et cet enfer qu'il se crée à lui-même. Il fait éclore dans le monde certaines richesses insolites, mais aussi il le dépeuple; hors son projet entêté rien n'existe, rien ne saurait donc l'inciter à modifier son choix. Et ayant engagé toute sa vie dans un objet extérieur qui peut sans cesse lui échapper, il éprouve tragiquement sa dépendance. Même s'il ne se dérobe pas d'une manière définitive, l'objet ne se donne jamais. Le passionné se fait manque d'être non pas pour qu'il y *ait* de l'être, mais pour être ; et il demeure à distance, il n'est jamais comblé.

C'est pourquoi, en même temps qu'une certaine admiration, le passionné inspire une sorte d'horreur. On admire l'orgueil d'une subjectivité qui choisit sa fin sans se plier à aucune loi étrangère et l'éclat précieux de l'objet dévoilé par la force de cette affirmation ; mais aussi on considère comme ennemie la solitude où cette subjectivité s'enferme ; s'étant retirée en une région singulière du monde, ne cherchant pas à communiquer avec les autres hommes, cette liberté ne se réalise que comme séparation ; tout dialogue, toute relation avec le passionné est impossible ; aux yeux de ceux qui souhaitent une communion des libertés, il apparaît donc comme un étranger, un obstacle ; il oppose une résistance opaque au mouvement de la liberté qui se veut infinie. Le passionné n'est pas seulement facticité inerte ; il est, lui aussi, sur le chemin de la tyrannie ; il sait que sa volonté n'émane que de lui, mais il peut néanmoins prétendre l'imposer à autrui ; il s'autorise pour cela d'un nihilisme partiel ; seul l'objet de sa passion lui paraît réel et plein ; tout le reste est insignifiant ; pourquoi ne pas trahir, tuer, violenter ? Ce n'est jamais *rien* qu'on détruit ; l'univers entier n'est saisi que comme un ensemble de moyens ou d'obstacles à travers lesquels il s'agit d'atteindre la chose dans laquelle on a engagé son être. Ne destinant pas aux hommes sa liberté, le passionné ne les reconnaît pas non plus comme libertés ; il n'hésitera pas à les traiter en choses. Si l'objet de sa passion intéresse l'ensemble du monde, cette tyrannie devient fanatisme. Dans tous les mouvements fanatiques il existe une part de sérieux ; les valeurs inventées par certains hommes dans une passion de haine, de peur, de foi, sont pensées et voulues par d'autres comme des réalités données ; mais il n'est pas de fanatisme sérieux qui n'ait une base passionnelle, puisque toute adhésion au monde sérieux se fait à travers des tendances et des complexes refoulés. Ainsi la passion maniaque représente une damnation pour celui qui la choisit, et pour les autres hommes elle est une des formes de la séparation qui divise les libertés ; elle conduit à la lutte et à l'oppression. Un homme qui cherche l'être loin des autres hommes le cherche contre eux en même temps qu'il se perd lui-même.

Cependant une conversion peut s'ébaucher au cœur de la passion même. Cette distance à l'objet qui fait le tourment du passionné, au lieu de vouloir vainement l'abolir, il faut qu'il l'accepte ; elle est la condition du dévoilement de l'objet. L'individu trouvera alors sa joie dans le déchirement même qui le sépare de l'être dont il se fait manque. Ainsi dans les lettres de

Mlle de Lespinasse il y a un constant passage de la douleur à l'assomption de cette douleur ; l'amoureuse décrit ses larmes, ses tortures, mais elle affirme qu'elle aime ce malheur ; il est aussi pour elle une source de délices ; elle aime qu'à travers la séparation l'autre apparaisse comme autre ; il lui plaît d'exalter, par sa souffrance même, cette existence étrangère qu'elle choisit de poser comme digne de tous les sacrifices. Ce n'est qu'en tant qu'étranger, interdit, en tant que libre, que l'autre se dévoile comme autre ; et l'aimer authentiquement, c'est l'aimer dans son altérité et dans cette liberté par laquelle il s'échappe. L'amour est alors renoncement à toute possession, à toute confusion ; on renonce à être afin qu'il y ait cet être qu'on n'est pas. Une telle générosité ne peut d'ailleurs s'exercer au profit de n'importe quel objet ; on ne saurait aimer dans son indépendance et sa séparation une pure chose, car la chose ne possède pas d'indépendance positive. Si un homme préfère la terre qu'il a découverte à la possession de cette terre, un tableau ou une statue à leur présence matérielle, c'est en tant qu'ils lui apparaissent comme des possibilités ouvertes à d'autres hommes. La passion ne se convertit en liberté authentique que si à travers l'être visé — chose ou homme — on destine son existence à d'autres existences, sans prétendre l'engluer dans l'épaisseur de l'en-soi.

Nous voyons donc qu'aucune existence ne peut s'accomplir valablement si elle se limite à elle-même ; elle fait appel à l'existence d'autrui. L'idée d'une telle dépendance effraie ; et la séparation, la multiplicité des existants soulèvent les problèmes les plus inquiétants. On conçoit que des hommes conscients des risques et de l'inévitable part d'échec que comporte tout engagement dans le monde prétendent se réaliser hors du monde. Il est permis à l'homme de se séparer de ce monde par la contemplation, de le penser, et même de le créer à neuf ; certains, au lieu de bâtir leur existence à travers le déroulement indéfini du temps, se proposent de l'affirmer sous son aspect éternel et de l'accomplir comme un absolu ; ils espèrent surmonter par là l'ambiguïté de leur condition. Ainsi beaucoup d'intellectuels cherchent leur salut soit dans la pensée critique, soit dans une activité créatrice.

Nous avons vu que le sérieux se conteste lui-même du fait qu'on ne peut pas tout prendre au sérieux ; il glisse vers un nihilisme partiel ; mais le nihilisme est instable, il tend à revenir au positif ; la pensée critique prétend effectuer une contestation universelle de tous les aspects du sérieux, mais sans sombrer dans l'angoisse de la pure négation ; elle pose une valeur supérieure, universelle, intemporelle, qui serait la vérité objective ; et corrélativement le critique se définit positivement lui-même comme l'indépendance de l'esprit. Figeant en réalité positive le mouvement négatif de contestation des valeurs, il fige aussi en présence positive la négativité propre à tout esprit. Ainsi il croit échapper lui-même à toute critique terrestre ; il n'a pas à choisir entre la route et l'indigène, entre l'Amérique et la Russie, entre la production et la liberté ; il comprend, il domine et il refuse, au nom de la vérité totale, les vérités nécessairement partielles que dévoile tout engagement humain. Mais l'ambiguïté est au cœur de son attitude même, car l'esprit indépendant, c'est encore un homme avec sa situation singulière dans le monde, et ce qu'il définit comme vérité objective, c'est l'objet de son propre choix. Ses critiques tombent dans le monde des hommes singuliers ; il ne décrit pas seulement, il prend parti. S'il n'assume pas la subjectivité de son jugement, il est pris infailliblement au piège du sérieux. Au lieu de cet esprit indépendant qu'il prétend être, il n'est que le serviteur honteux d'une cause à laquelle il n'a pas choisi de se rallier.

D'une autre manière, l'artiste et l'écrivain s'efforcent de surmonter l'existence ; ils tentent de la réaliser comme un absolu. Ce qui fait l'authenticité de leur effort, c'est qu'ils ne se proposent pas d'atteindre l'être ; par là ils se distinguent d'un ingénieur ou d'un maniaque ;

c'est l'existence qu'ils cherchent à fixer et à faire passer à l'éternel ; le mot, le trait, le marbre même indiquent l'objet en tant qu'absence. Seulement dans l'œuvre d'art, le manque d'être retourne au positif ; le temps est arrêté, des formes claires, des significations achevées surgissent ; dans ce retour, l'existence se confirme, elle pose sa propre justification ; c'est ce que disait Kant quand il définissait l'art « une finalité sans fin ». Du fait qu'il a constitué ainsi un objet absolu, le créateur est alors tenté de se considérer comme absolu lui-même ; il justifie le monde et pense donc n'avoir besoin de personne pour se justifier. Mais, en vérité, l'effort créateur est authentique en tant que mouvement vers l'existence se confirmant elle-même ; si l'œuvre devient une idole par où l'artiste croit s'atteindre comme être, il referme autour de lui l'univers du sérieux, il tombe dans l'illusion que Hegel a dénoncée quand il décrit la race des « animaux intellectuels ».

Il n'y a pour l'homme aucun moyen de s'évader de ce monde ; c'est en ce monde qu'il lui faut — évitant les écueils que nous venons de signaler — se réaliser moralement. Il faut que la liberté se projette vers sa propre réalité, à travers un contenu dont elle fonde la valeur ; une fin n'est valable que par un retour à la liberté qui l'a posée et qui se veut à travers elle. Mais cette volonté implique que la liberté ne s'engloutisse en aucun but et ne se dissipe pas non plus vainement sans viser de but ; il ne faut pas que le sujet cherche à être, mais il doit souhaiter qu'il y *ait* de l'être ; se vouloir libre et vouloir qu'il y *ait* de l'être, c'est un seul et même choix : le choix que l'homme fait de lui-même en tant que présence au monde. On ne peut dire ni que l'homme libre veut la liberté pour dévoiler l'être, ni qu'il veut le dévoilement de l'être pour la liberté ; ce sont là deux aspects d'une seule réalité. Et quel que soit celui qu'on considère, ils impliquent tous deux la liaison de chaque homme avec tous les autres.

Cette liaison ne se révèle pas à tous tout de suite. Un jeune homme se veut libre, il veut qu'il y ait de l'être ; cette générosité spontanée qui le jette avec ardeur dans le monde peut s'allier à ce qu'on appelle couramment égoïsme. Souvent le jeune homme ne saisit de son rapport à autrui que la face par où autrui apparaît comme ennemi. Car il est vrai qu'il est aussi un ennemi ; dans la préface de *L'Expérience intérieure*, Georges Bataille souligne avec beaucoup de force que chaque individu veut être Tout ; en tout autre homme, et particulièrement chez ceux dont l'existence s'affirme avec le plus d'éclat, il voit une limite, une condamnation de soi-même. « Chaque conscience poursuit la mort de l'autre », a dit Hegel. Et, en effet, autrui me dérobe à chaque instant le monde tout entier ;

le premier mouvement est de le haïr. Mais cette haine est naïve et l'envie se conteste aussitôt elle-même ; si vraiment j'étais tout, il n'y aurait rien à côté de moi, le monde serait vide, il n'y aurait rien à posséder et je ne serais rien moi-même. S'il est de bonne volonté, le jeune homme comprend bientôt qu'en me dérobant le monde autrui me le donne aussi, puisqu'une chose ne m'est donnée que par le mouvement qui l'arrache de moi. Vouloir qu'il y ait de l'être, c'est aussi vouloir qu'il existe des hommes par qui et pour qui le monde soit doué de significations humaines ; on ne peut révéler le monde que sur un fond de monde révélé par les autres hommes ; aucun projet ne se définit que par son interférence avec d'autres projets ; faire « qu'il y ait » de l'être, c'est communiquer à travers l'être avec autrui.

Cette vérité se retrouve sous une autre forme lorsque nous disons que la liberté ne peut se vouloir sans viser un avenir ouvert ; il faut que les fins qu'elle se donne ne puissent être transcendées par aucune réflexion, mais seule la liberté des autres hommes peut les prolonger au-delà de notre vie. J'ai essayé de le montrer dans *Pyrrhus et Cinéas* : tout homme a besoin de la liberté des autres hommes et, en un sens, il la veut toujours, fût-il tyran ; il lui manque seulement d'assumer avec bonne foi les conséquences d'une telle volonté. Seule la liberté d'autrui empêche chacun de nous de se figer dans l'absurdité de la facticité. Et s'il faut en croire le mythe chrétien de la création, Dieu même était d'accord sur ce point avec la doctrine existentialiste, puisque, selon le mot d'un prêtre antifasciste, « il avait un tel respect de l'homme qu'il l'a créé libre ».

On voit donc à quel point se méprennent — ou mentent — ceux qui prétendent assimiler l'existentialisme à un solipsisme qui exalterait, comme Nietzsche, la seule volonté de puissance. Selon cette interprétation, aussi répandue qu'erronée, l'individu, se connaissant et se choisissant comme créateur de ses propres valeurs, chercherait à les imposer à autrui ; il en résulterait un conflit des volontés adverses, enfermées dans leur solitude. Mais nous avons vu au contraire que, dans la mesure où l'esprit d'aventure, la passion, l'orgueil conduisent à cette tyrannie et à ces conflits, la morale existentialiste les condamne ; et cela, non au nom d'une loi abstraite, mais parce que, s'il est vrai que tout projet émane d'une subjectivité, il est vrai aussi que ce mouvement subjectif pose de soi-même un dépassement de la subjectivité. L'homme ne peut trouver que dans l'existence des autres hommes une justification de sa propre existence. Or il a besoin d'une telle justification, il ne peut y échapper. Le souci moral ne vient pas à l'homme du dehors ; il trouve en

lui-même cette question anxieuse : à quoi bon ?
Ou, pour mieux dire, il est lui-même cette interrogation urgente ; il ne la fuit qu'en se fuyant,
et dès qu'il existe il répond. On dira peut-être
que c'est pour *soi* qu'il est moral, et qu'une
telle attitude est égoïste. Mais il n'est aucune
morale à laquelle ne puisse s'adresser ce
reproche qui se détruit aussitôt lui-même ; car
comment me soucierais-je de ce qui ne me
concerne pas ? Je concerne les autres et c'est
moi qu'ils concernent ; c'est là une vérité indé-
composable : le rapport moi-autrui est aussi
indissoluble que le rapport sujet-objet.

En même temps nous voyons tomber cet
autre reproche qu'on adresse souvent à l'existentialisme : d'être une doctrine formelle, incapable de proposer aucun contenu à cette liberté
qu'elle veut engagée. Se vouloir libre, c'est aussi
vouloir les autres libres ; cette volonté n'est pas
une formule abstraite, elle indique à chacun des
actions concrètes à accomplir. Mais les autres
sont séparés, opposés même, et dans ses rapports avec eux l'homme de bonne volonté voit
surgir des problèmes concrets et difficiles. C'est
cet aspect positif de la moralité que nous allons
maintenant examiner.

III

1. *L'attitude esthétique*

Tout homme a donc affaire aux autres hommes; le monde dans lequel il s'engage est un monde humain, où chaque objet est pénétré de significations humaines; c'est un monde parlant, d'où montent des sollicitations, des appels; on comprend par là qu'à travers ce monde chaque individu puisse donner un contenu concret à sa liberté. Il lui faut dévoiler le monde à fin de dévoilement ultérieur, et d'un même mouvement chercher à libérer les hommes par qui ce monde prend un sens. Mais nous allons retrouver ici l'objection que nous avons déjà rencontrée en examinant le moment abstrait de la morale individuelle. Si tout homme *est* libre, il ne saurait se *vouloir* libre. De même il ne saurait, dit-on, rien vouloir pour autrui, puisque autrui est libre en toutes circonstances;

les hommes opèrent toujours un dévoilement
d'être, à Buchenwald comme dans les îles bleues
du Pacifique, dans les taudis comme dans les
palais; il arrive toujours quelque chose au
monde, et dans le mouvement de tenir l'être à
distance, ne peut-on en considérer avec une
joie détachée les différents avatars? Où trouver
alors des raisons d'agir? Aucune solution n'est
meilleure ni pire qu'aucune autre.

On peut appeler esthétique cette attitude,
parce que celui qui l'adopte prétend n'avoir
avec le monde d'autre rapport que celui d'une
contemplation détachée; hors du temps, loin
des hommes, il se pose en face de l'histoire, à
laquelle il ne croit pas appartenir, comme un
pur regard; cette vision impersonnelle égalise
toutes les situations, elle ne les saisit que dans
l'indifférence de leurs différences, elle exclut
toute préférence.

Ainsi l'amateur d'ouvrages historiques assiste
avec la même passion sereine à la naissance et à
l'écroulement d'Athènes, de Rome, de Byzance;
le touriste considère avec la même tranquille
curiosité l'arène du Colisée, les Latifundia de
Syracuse, les thermes, les palais, les temples, les
prisons, les églises : ces choses ont existé, cela
suffit à le satisfaire. Pourquoi ne pas considérer
aussi avec un intérêt impartial celles qui existent
aujourd'hui? C'est une tentation qu'on rencontre, par exemple, chez beaucoup d'Italiens

qu'écrase un passé magique et décevant : déjà le
présent leur apparaît comme un futur passé.
Sur leur terre se sont succédé les guerres, les
querelles intestines, les invasions, les servitudes ;
chaque moment de cette histoire tourmentée
est démenti par le suivant ; et cependant au sein
de cette agitation vaine surgissaient des dômes,
des statues, des bas-reliefs, des tableaux, des
palais qui sont demeurés intacts à travers les
siècles et qui enchantent encore les hommes
d'aujourd'hui. On conçoit qu'un intellectuel
florentin regarde avec scepticisme les grands
mouvements incertains qui soulèvent son pays
et qui s'éteindront, comme se sont éteints les
bouillonnements des siècles disparus : ce qui
importe, pense-t-il, c'est seulement de comprendre les événements provisoires et de cultiver à travers eux cette beauté qui ne périt pas.
Cette pensée, beaucoup de Français aussi y
cherchèrent du secours en 1940 et dans les
années qui suivirent. « Essayons de prendre le
point de vue de l'histoire », se disait-on en appre-
nant l'entrée des Allemands à Paris ; et pendant
toute l'Occupation certains intellectuels ont prétendu se maintenir « au-dessus de la mêlée »,
considérant avec impartialité des faits contingents qui ne les concernaient pas.

Mais on remarque aussitôt qu'une telle attitude apparaît dans les moments de décou-
ragement, de désarroi : en fait elle reste une

position de repli, une manière de fuir la vérité du présent. À l'égard du passé, cet éclectisme est légitime ; nous ne sommes plus en situation par rapport à Athènes, à Sparte ou à Alexandrie, et l'idée même d'un choix n'a aucun sens. Mais le présent n'est pas un passé en puissance ; il est le moment du choix et de l'action, nous ne pouvons éviter de le vivre à travers un projet ; et il n'y a pas de projet qui soit purement contemplatif puisqu'on se projette toujours vers quelque chose, vers l'avenir ; se mettre « dehors », c'est encore une manière de vivre le fait inéluctable qu'on est dedans ; ceux des intellectuels français qui prétendaient, au nom de l'histoire, de la poésie ou de l'art, dominer le drame de l'époque, en étaient bon gré mal gré les acteurs, ils faisaient plus ou moins explicitement le jeu de l'occupant. De même l'esthète italien tout occupé à caresser les marbres et les bronzes de Florence joue par son inertie même un rôle politique dans la vie de son pays. On ne saurait justifier tout ce qui est en affirmant que tout peut être également l'objet d'une contemplation, puisque l'homme ne contemple jamais : il fait.

C'est pour l'artiste, pour l'écrivain, que le problème se pose d'une manière particulièrement aiguë en même temps qu'équivoque ; car ce n'est pas au nom de la pure contemplation, mais d'un projet défini qu'on prétend poser

alors l'indifférence des situations humaines ; le
créateur projette vers l'œuvre d'art un donné
qu'il justifiera en tant que matière de cette
œuvre ; n'importe quel donné peut être ainsi
sauvé, un massacre aussi bien qu'une masca-
rade. Cette justification esthétique est même
parfois si éclatante qu'elle trahit le dessein de
l'auteur ; cet écrivain voulait nous communiquer l'horreur que lui inspirent les bagnes d'enfants : il a réussi un livre si beau qu'enchantés
par le récit, le style, les images, nous oublions
l'horreur de bagne ou même nous nous pre-
nons à l'admirer. N'inclinera-t-on pas alors à
penser que si la mort, la misère, l'injustice peuvent être transfigurées pour notre joie, ce n'est
pas un mal qu'il y ait la mort, la misère, l'injustice ?

Mais ici non plus il ne faut pas confondre le
présent avec le passé. À l'égard du passé, aucune
action n'est plus possible ; il y a eu la guerre, la
peste, le scandale, la trahison, et nous n'avons
aucun moyen d'empêcher que cela n'ait été ;
sans nous, le bourreau s'est fait bourreau, la victime a subi son sort de victime ; tout ce que nous
pouvons faire, c'est d'empêcher leur histoire
de retomber dans la nuit indistincte de l'être,
c'est de la dévoiler, de l'intégrer au patrimoine
humain, de l'élever à la dignité de l'existence
esthétique qui porte en soi sa finalité ; mais il fallait d'abord que cette histoire s'accomplît : elle

s'est accomplie comme scandale, révolte, crime, sacrifice, et nous n'avons pu essayer de la sauver que parce qu'elle offrait d'abord une figure. Aujourd'hui aussi doit exister avant d'être confirmé dans son existence : il n'existe que comme engagement et parti pris. Si d'abord nous considérions le monde comme un objet à manifester, si nous le pensions sauvé par cette destination, de manière que tout nous en parût déjà justifié et qu'il n'y eût plus rien à en refuser, alors il n'y aurait non plus rien à en dire, car aucune forme ne s'y dessinerait ; il ne se dévoile qu'à travers le refus, le désir, la haine, l'amour. Pour que l'artiste ait un monde à exprimer, il faut d'abord qu'il soit situé dans ce monde, opprimé ou oppresseur, résigné ou révolté, homme parmi les hommes. Mais alors il trouve au cœur de son existence l'exigence commune à tous les hommes ; il lui faut vouloir la liberté en lui et universellement ; il lui faut tenter de la conquérir : à la lumière de ce projet les situations se hiérarchisent et des raisons d'agir se découvrent.

2. *Liberté et libération*

Une des principales objections que l'on adresse à l'existentialisme, c'est que le précepte : vouloir la liberté, n'est qu'une formule creuse et ne propose aucun contenu concret à l'action. Mais c'est qu'on a commencé par vider le mot liberté de son sens concret ; nous avons vu déjà que la liberté ne se réalise qu'en s'engageant dans le monde : si bien que son projet vers la liberté s'incarne pour l'homme dans des conduites définies.

Vouloir la liberté, vouloir dévoiler l'être, c'est un seul et même choix ; par là se définit une démarche positive et constructive de la liberté qui fait passer l'être à l'existence dans un mouvement sans cesse dépassé. La science, la technique, l'art, la philosophie sont des conquêtes indéfinies de l'existence sur l'être : c'est en s'assumant comme telles qu'elles prennent leur visage authentique ; c'est à la lumière de cette assomption que le mot de progrès trouve son sens véridique. Il ne s'agit pas de se rapprocher d'un terme fixé : le Savoir absolu, ou le bonheur de l'homme, ou la perfection de la beauté ; alors tout effort humain serait voué à l'échec, car à chaque pas l'horizon recule d'un pas ; il s'agit pour l'homme de poursuivre l'expansion de son existence et de récupérer comme absolu cet effort même.

La science se condamne à l'échec lorsque, cédant au vertige du sérieux, elle prétend atteindre l'être, le contenir et le posséder ; mais elle trouve sa vérité si elle se considère comme un libre engagement de la pensée dans le donné, visant à chaque découverte non la fusion avec la chose, mais la possibilité de découvertes neuves ; alors ce que projette l'esprit, c'est l'accomplissement concret de sa liberté. On prétend parfois chercher dans la technique une justification objective de la science ; mais à l'ordinaire le mathématicien se soucie des mathématiques, le physicien de la physique et non de leurs applications. Et d'ailleurs la technique même n'est pas objectivement justifiée ; si elle pose comme buts absolus l'économie de temps et de travail qu'elle permet de réaliser, le confort et le luxe auxquels elle permet d'accéder, alors elle apparaît comme inutile, absurde : car le temps qu'on gagne ne peut s'entasser dans un grenier ; il est contradictoire de vouloir économiser l'existence qui précisément ne s'existe qu'en se dépensant, et on a beau jeu de montrer que les avions, les machines, le téléphone, la T.S.F. ne rendent pas les hommes d'aujourd'hui plus heureux que ceux d'autrefois. Mais en vérité il ne s'agit pas de donner aux hommes du temps, du bonheur, il ne s'agit pas d'arrêter le mouvement de la vie : il s'agit de l'accomplir. Si la technique prétend combler ce manque que l'existence porte en son sein, elle échoue radicalement ; mais elle échappe à toute critique si on admet qu'à travers elle l'existence, loin de souhaiter se reposer dans la sécurité de l'être, se jette en avant d'elle-même afin de se jeter plus en avant encore, qu'elle vise un dévoilement indéfini de l'être par la transformation de la chose en instrument, et l'ouverture pour l'homme de possibilités toujours neuves. Quant à l'art, nous avons dit déjà qu'il ne doit pas prétendre instituer des idoles : il doit découvrir aux hommes l'existence comme raison d'exister ; c'est bien pourquoi Platon, qui voulait arracher les hommes à la terre et les destiner au ciel des Idées, condamnait les poètes ; c'est pourquoi tout humanisme au contraire les couronne de lauriers. L'art révèle le transitoire comme absolu ; et comme l'existence transitoire se perpétue à travers les siècles, il faut aussi qu'à travers les siècles l'art perpétue cette révélation qui ne sera jamais achevée. Ainsi les activités constructives de l'homme ne prennent un sens valable que lorsqu'elles sont assumées comme mouvement vers la liberté ; et réciproquement on voit qu'un tel mouvement est concret : découvertes, inventions, industries, culture, tableaux, livres peuplent concrètement le monde et ouvrent aux hommes des possibilités concrètes.

Il est peut-être permis de rêver à un avenir où les hommes ne connaîtront d'autre usage de leur liberté que ce libre déploiement d'elle-même : une activité constructrice serait possible pour tous, chacun pourrait viser positivement à travers ses projets son propre avenir. Mais aujourd'hui le fait est qu'il y a des hommes qui ne peuvent justifier leur vie que par une action négative. Nous l'avons vu déjà : tout homme se transcende. Mais il arrive que cette transcendance soit condamnée à retomber inutilement sur elle-même parce qu'on la coupe de ses buts. C'est là ce qui définit une situation d'oppression. Une telle situation n'est jamais naturelle : l'homme n'est pas opprimé par les choses ; aussi bien, à moins d'être un enfant naïf qui bat les pierres, ou un prince égaré qui fait fustiger la mer, il ne se révolte pas contre les choses : contre les autres hommes seulement. La résistance de la chose soutient l'action de l'homme comme l'air le vol de la colombe ; et en se projetant à travers elle, l'homme accepte de la constituer en obstacle, il assume le risque d'un échec où il ne voit pas un démenti de sa liberté. L'explorateur sait qu'il peut être obligé de reculer avant d'arriver au but, le savant, que tel phénomène peut lui demeurer obscur, le technicien, que sa tentative peut avorter : ces reculs, ces erreurs sont encore un mode de dévoilement du monde. Et certes un obstacle matériel peut cruellement contredire une entreprise : les inondations, les tremblements de terre, les sauterelles, les épidémies, la peste sont des fléaux ; mais c'est ici qu'il y a une vérité du stoïcisme : un homme doit assumer même ces malheurs, et puisqu'il ne doit jamais se démettre de lui-même en faveur d'aucune chose, la destruction d'aucune chose ne sera jamais pour lui une ruine radicale ; sa mort même n'est pas un mal, puisqu'il n'est homme qu'en tant qu'il est mortel : il doit l'assumer comme le terme naturel de sa vie, comme le risque impliqué par toute démarche vivante. Seul l'homme peut être un ennemi pour l'homme, seul il peut lui dérober le sens de ses actes, de sa vie, parce que aussi il n'appartient qu'à lui seul de le confirmer dans son existence, de le reconnaître effectivement comme liberté. C'est ici que la distinction stoïcienne entre les « choses qui ne dépendent pas de nous » et celles qui « dépendent de nous » s'avère insuffisante : car « nous » est légion et non pas un individu ; chacun dépend des autres et ce qui m'arrive par les autres dépend de moi quant à son sens ; on ne subit pas une guerre, une occupation comme on subit un tremblement de terre : il faut prendre parti pour ou contre et par là les volontés étrangères deviennent alliées ou hostiles. C'est cette interdépendance qui explique que l'oppression soit possible et qu'elle soit odieuse. Nous l'avons vu, ma liberté exige pour s'accomplir de déboucher sur un avenir ouvert : ce sont les autres hommes qui m'ouvrent l'avenir, ce sont eux qui, constituant le monde de demain, définissent mon avenir ; mais si, au lieu de me permettre de participer à ce mouvement constructeur, ils m'obligent à consumer vainement ma transcendance, s'ils me maintiennent au-dessous de ce niveau qu'ils ont conquis et à partir duquel s'effectueront les nouvelles conquêtes, alors ils me coupent de l'avenir, ils me changent en chose. La vie s'emploie à la fois à se perpétuer et à se dépasser ; si elle ne fait que se maintenir, vivre c'est seulement ne pas mourir, et l'existence humaine ne se distingue pas d'une végétation absurde ; une vie ne se justifie que si son effort pour se perpétuer est intégré dans son dépassement, et si ce dépassement n'a d'autres limites que celles que le sujet s'assigne lui-même. L'oppression divise le monde en deux clans : il y a ceux qui édifient l'humanité en la jetant au-devant d'elle-même, et ceux qui sont condamnés à piétiner sans espoir, pour entretenir seulement la collectivité ; leur vie est pure répétition de gestes mécaniques, leur loisir suffit tout juste à la récupération de leurs forces ; l'oppresseur se nourrit de leur transcendance et se refuse à la prolonger par une libre reconnaissance. Il ne reste à l'opprimé qu'une solution : c'est de nier l'harmonie de cette humanité dont on prétend l'exclure, c'est de faire la preuve qu'il est homme et qu'il est libre en se révoltant contre les tyrans. Pour prévenir cette révolte, une des ruses de l'oppression sera de se camoufler en situation naturelle : puisqu'en effet on ne saurait se révolter contre la nature. Lorsqu'un conservateur veut démontrer que le prolétariat n'est pas opprimé, il déclare que la distribution actuelle des richesses est un fait naturel et qu'il n'y a donc pas moyen de la refuser; et sans doute il a beau jeu de prouver qu'on ne *vole* pas, à strictement parler, à l'ouvrier le produit de son travail, puisque le mot *vol* suppose les conventions sociales qui par ailleurs autorisent ce type d'exploitation; mais ce que le révolutionnaire indique par ce mot, c'est que le régime actuel est un fait humain. En tant que tel il doit être refusé. Ce refus coupe à son tour la volonté de l'oppresseur de cet avenir vers lequel il prétendait se jeter seul : un autre avenir lui est substitué, qui est celui de la révolution. La lutte n'est pas de mots ou d'idéologies, elle est réelle et concrète : si c'est cet avenir qui triomphe et non celui-là, c'est l'opprimé qui se réalise comme liberté positive et ouverte, c'est l'oppresseur qui devient un obstacle, une chose.

Il y a donc deux manières de dépasser le donné : il est très différent de poursuivre un voyage ou de s'évader de prison. Dans les deux cas le donné est présent dans son dépassement; mais dans un cas, présent en tant qu'accepté, dans l'autre, en tant que refusé, et cela fait une radicale différence. Hegel a confondu ces deux mouvements sous le vocable ambigu de « aufheben »; et c'est sur cette ambiguïté que repose tout l'édifice d'un optimisme qui nie l'échec et la mort ; c'est là ce qui permet de regarder l'avenir du monde comme un développement continu et harmonieux ; cette confusion est la source et aussi la conséquence, elle est un parfait résumé de cette mollesse idéaliste et verbeuse que Marx reproche à Hegel et à laquelle il oppose une dureté réaliste. La révolte ne s'intègre pas au développement harmonieux du monde, elle ne veut pas s'y intégrer, mais bien exploser au cœur de ce monde et en briser la continuité. Ce n'est pas un hasard si Marx définit non positivement mais négativement l'attitude du prolétariat : il ne le montre pas comme s'affirmant soi-même, ni comme cherchant à réaliser une société sans classes ; mais d'abord comme tentant de se supprimer en tant que classe. Et c'est précisément parce qu'elle n'a d'autre issue que négative que cette situation doit être supprimée.

À cette suppression tous les hommes sont intéressés et, Marx le dit lui-même, l'oppresseur comme l'opprimé : car chacun a besoin que tous les hommes soient libres. Il y a des cas où l'esclave ne connaît pas sa servitude et où il faudra lui apporter du dehors le germe de sa libération : sa soumission ne suffit pas à justifier la tyrannie qui s'exerce contre lui. L'esclave est soumis quand on a réussi à le mystifier de telle sorte que sa situation ne lui semble pas impo-

sée par des hommes mais immédiatement donnée par la nature, par les dieux, par des puissances contre lesquelles la révolte n'a pas de
sens ; alors ce n'est pas par une démission de sa
liberté qu'il accepte sa condition, puisqu'il ne
peut pas même en rêver une autre : et à l'intérieur de ce monde où l'enferme son ignorance
il peut, dans ses rapports avec ses camarades
par exemple, vivre en homme moral et libre.
Le conservateur en tirera argument pour prétendre qu'on ne doit pas troubler cette paix : il
ne faut pas donner d'instruction au peuple ni
de confort aux indigènes colonisés ; il faut bâil-
lonner les « meneurs » ; c'est le sens d'un vieux
conte de Maurras : il ne faut pas éveiller le dor-
meur, car ce serait l'éveiller au malheur. Certes
il ne s'agit pas, sous prétexte de libération, de
jeter malgré eux les hommes dans un monde
neuf, qu'ils n'ont pas choisi, sur lequel ils n'ont
pas de prise. Les esclavagistes de la Caroline
avaient beau jeu quand ils montraient à leurs
vainqueurs de vieux esclaves noirs tout égarés
devant une liberté dont ils ne savaient que faire
et réclamant en pleurant leurs anciens maîtres ;
ces fausses libérations — encore qu'en certains
cas elles soient inévitables — accablent ceux
qui en sont victimes comme un nouveau coup
du destin aveugle. Ce qu'il faut faire, c'est fournir à l'esclave ignorant le moyen de transcender sa situation par la révolte, c'est dissiper son

ignorance; on sait que le problème des socia-
listes du XIXᵉ siècle a été précisément de développer chez le prolétariat une conscience de
classe; on voit dans la vie d'une Flora Tristan
par exemple combien une pareille tâche était
ingrate : ce qu'elle voulait pour les travailleurs,
il lui fallait d'abord le vouloir sans eux. Mais de
quel droit voudrait-on quelque chose pour
autrui? demande le conservateur, qui cependant regarde l'ouvrier ou l'indigène comme
« un grand enfant » et qui n'hésite pas à disposer de la volonté d'un enfant. Et en effet rien
n'est plus arbitraire que d'intervenir en étranger dans un destin qui n'est pas le nôtre : c'est
même un des scandales de la charité — au sens
civique du mot — qu'elle s'exerce du dehors,
selon le caprice de celui qui la distribue et qui
est détaché de son objet. Seulement la cause
de la liberté n'est pas celle d'autrui plus que la
mienne : elle est universellement humaine. Si
je veux que l'esclave prenne conscience de sa
servitude, c'est à la fois pour n'être pas moi-
même tyran — car toute abstention est complicité, et la complicité est ici tyrannie — à la fois
pour que des possibilités neuves s'ouvrent à
l'esclave libéré et à travers lui à tous les hommes.
Vouloir l'existence, vouloir dévoiler le monde,
vouloir les hommes libres, c'est une seule volonté.

D'ailleurs l'oppresseur ment s'il prétend que

l'opprimé veut positivement l'oppression ; il
s'abstient seulement de ne pas la vouloir, parce
qu'il ignore même la possibilité du refus. Tout
ce que peut se proposer une action extérieure,
c'est de mettre l'opprimé en présence de sa
liberté : alors il décidera positivement, librement. Le fait est qu'il se décide contre l'oppression et c'est alors que le mouvement
d'affranchissement commence véritablement.
Car s'il est vrai que la cause de la liberté est la
cause de chacun, il est vrai aussi que l'urgence
de la libération n'est pas la même pour tous ;
Marx le dit avec raison : c'est à l'opprimé seulement qu'elle apparaît comme immédiatement
nécessaire. Nous ne croyons pas quant à nous
à une nécessité de fait, mais à une exigence
morale ; l'opprimé ne peut réaliser sa liberté
d'homme que dans la révolte, puisque le propre
de la situation contre laquelle il se révolte est
précisément de lui en interdire tout développement positif ; c'est seulement dans la lutte sociale
et politique que sa transcendance se dépasse à
l'infini. Et certes le prolétaire n'est pas plus
naturellement qu'un autre un homme moral ;
il peut fuir sa liberté, la dissiper, végéter sans
désir, se dévouer à un mythe inhumain ; et la
ruse d'un capitalisme « éclairé », ce sera de lui
faire oublier son souci de justification authentique, lui proposant, au sortir de l'usine où un
travail mécanique absorbe sa transcendance,

des divertissements où celle-ci achève de se perdre : c'est là la politique du patronat américain qui prend l'ouvrier au piège des sports, des «gadgets», des autos et des frigidaires. Cependant il a dans l'ensemble moins de tentations de trahison que les membres des classes privilégiées, parce que l'assouvissement de ses passions, le goût de l'aventure, les satisfactions du sérieux social lui sont interdits. Et surtout, en même temps qu'ils peuvent coopérer à la lutte contre l'oppression, il est possible aussi au bourgeois, à l'intellectuel, d'user positivement de leur liberté : leur avenir n'est pas barré. C'est ce qu'indique Ponge, par exemple, quand il écrit qu'il fait de la littérature «post-révolutionnaire»; il est permis à l'écrivain, comme au savant, au technicien, de réaliser, avant que la révolution ne soit accomplie, cette recréation du monde qui devrait être l'œuvre de tout homme si nulle part la liberté n'était encore enchaînée. Qu'il soit souhaitable ou non d'anticiper sur l'avenir, que les hommes aient à renoncer à l'usage positif de leur liberté tant que la libération de tous ne sera pas achevée, ou qu'au contraire tout accomplissement humain serve la cause de l'homme, c'est un point sur lequel hésite la politique révolutionnaire elle-même. À l'intérieur même de l'U.R.S.S., le rapport entre la construction de l'avenir et la lutte présente semble être défini de façons très diverses selon les moments et les circonstances. C'est un point aussi sur lequel chaque individu a à inventer librement sa solution. Ce qu'on peut en tout cas affirmer, c'est que l'opprimé est plus totalement engagé dans la lutte que ceux qui, tout en refusant avec lui sa servitude, ne la subissent pas; mais que d'autre part tout homme est concerné par cette lutte d'une manière si essentielle qu'il ne saurait s'accomplir moralement sans y prendre part.

Le problème se complique pratiquement du fait qu'aujourd'hui l'oppression a plus d'un visage : le fellah arabe est opprimé à la fois par les cheiks et par l'administration française ou anglaise; lequel des deux ennemis faut-il combattre? L'intérêt du prolétariat français n'est pas le même que celui de l'indigène colonisé : lequel servir? Mais la question est ici politique avant d'être morale : il faut aboutir à ce que toute oppression soit abolie; chacun doit mener sa lutte en liaison avec celle des autres et en l'intégrant au dessein général; quel ordre suivre? quelle tactique adopter? c'est affaire d'opportunité et d'efficacité. Cela dépend aussi pour chacun de sa situation singulière. Il se peut qu'il soit amené à sacrifier provisoirement une cause dont le succès est subordonné à celle d'une cause plus urgente à défendre; il se peut au contraire qu'on juge nécessaire de maintenir la tension de la révolte contre une situation à laquelle on ne veut à aucun prix consentir ; ainsi, l'Amérique en guerre ayant demandé aux leaders noirs de renoncer dans l'intérêt général à leurs revendications propres, Richard Wright a refusé, estimant que même à travers la guerre sa cause devait être défendue. En tout cas, ce qu'exige la morale, c'est que le combattant ne soit pas aveuglé par le but qu'il se propose au point de retomber dans le fanatisme du sérieux ou de la passion ; la cause qu'il sert ne doit pas se refermer sur elle-même, créant un nouvel élément de séparation : à travers sa propre lutte il doit chercher à servir la cause universelle de la liberté.

L'oppresseur soulève aussitôt une objection : sous prétexte de liberté, dit-il, voilà que vous m'opprimez à mon tour ; vous me privez de *ma* liberté. C'est l'argument que les esclavagistes du Sud opposaient aux abolitionnistes, et on sait que les Yankees étaient si pénétrés des principes d'une démocratie abstraite qu'ils ne se reconnurent pas le droit de refuser aux planteurs du Sud la liberté de posséder des esclaves : c'est sous un prétexte tout formel que la guerre de Sécession éclata. Un tel scrupule fait sourire ; cependant aujourd'hui encore l'Amérique reconnaît plus ou moins implicitement aux Blancs des États du Sud la liberté de lyncher les Noirs. Et c'est le même sophisme qui s'étale avec innocence dans les journaux du P.R.L., et plus ou moins subtilement dans tous les organes conservateurs. Quand un parti promet aux classes dirigeantes de défendre leurs libertés, cela signifie très exactement qu'il revendique pour elles la liberté d'exploiter la classe travailleuse. Ce n'est pas au nom d'une justice abstraite qu'une telle revendication scandalise : mais une contradiction s'y dissimule avec mauvaise foi. Car une liberté ne se veut authentiquement qu'en se voulant comme mouvement indéfini à travers la liberté d'autrui ; dès qu'elle se replie sur elle-même, elle se renie au profit de quelque objet qu'elle préfère à elle-même : on sait quelle liberté le P.R.L. réclame : c'est la propriété, la jouissance, c'est le capital, le confort et la sécurité morale. Nous n'avons à respecter la liberté que lorsqu'elle se destine à la liberté, non lorsqu'elle s'égare, se fuit et se démet d'elle-même. Une liberté qui ne s'emploie qu'à nier la liberté doit être niée. Et il n'est pas vrai que la reconnaissance de la liberté d'autrui limite ma propre liberté : être libre, ce n'est pas avoir le pouvoir de faire n'importe quoi ; c'est pouvoir dépasser le donné vers un avenir ouvert ; l'existence d'autrui en tant que liberté définit ma situation et elle est même la condition de ma propre liberté. On m'opprime si l'on me jette en prison : non si l'on m'empêche d'y jeter mon voisin.

Aussi bien, l'oppresseur lui-même est-il conscient de ce sophisme : il n'ose guère y recourir ; plutôt que de revendiquer dans sa nudité la liberté d'oppression, il se présente plus volontiers comme le défenseur de certaines valeurs. Ce n'est pas en son nom qu'il lutte : c'est au nom de la civilisation, des institutions, des monuments, des vertus qui réalisent objectivement la situation qu'il entend maintenir ; il déclare toutes ces choses belles et bonnes en soi ; il défend un passé qui a revêtu la dignité glacée de l'être contre un avenir incertain dont les valeurs n'ont pas été encore conquises ; c'est ce qu'exprime bien l'étiquette « conservateur ». Comme certains sont conservateurs d'un musée ou d'un cabinet de médailles, d'autres se font les conservateurs du monde donné ; soulignant les sacrifices qu'entraîne nécessairement tout changement, ils optent pour ce qui a été contre ce qui n'est pas encore.

Il est bien certain que le dépassement du passé vers l'avenir exige toujours des sacrifices ; prétendre qu'en détruisant un vieux quartier pour reconstruire sur ses ruines des maisons neuves on le conserve dialectiquement, ce n'est qu'un jeu de mots ; aucune dialectique ne saurait ressusciter le vieux port de Marseille ; le passé en tant que non dépassé, dans sa présence de chair et d'os, s'évanouit absolument. Tout ce que peut prétendre un optimisme

entêté, c'est que sous cette forme singulière et
figée le passé ne nous concerne pas et qu'en le
sacrifiant nous ne sacrifions rien ; ainsi beaucoup de révolutionnaires jugent sain de refuser tout attachement au passé, de professer
le mépris des monuments, des traditions. « Que
faisons-nous ici ? nous perdons notre temps »,
disait un journaliste de gauche en piétinant
avec impatience dans une rue de Pompéi. Cette
attitude se confirme d'elle-même ; détournons-
nous du passé, et il n'en reste plus trace au présent ni pour l'avenir ; les gens du Moyen Âge
avaient si bien oublié l'Antiquité que personne
parmi eux ne souhaitait plus la connaître. On
peu vivre sans grec, sans latin, sans cathédrales,
sans histoire. Oui ; mais il y a bien d'autres
choses sans lesquelles on peut vivre ; ce n'est
pas à se réduire que tend l'homme, mais à
accroître son pouvoir. Abandonner le passé à la
nuit de la facticité, c'est une manière de dépeupler le monde ; je me méfierais d'un humanisme
trop indifférent aux efforts des hommes d'autrefois ; si ce dévoilement d'être qu'ont réalisé
nos ancêtres ne nous touche aucunement, pourquoi être si intéressé par celui qui s'opère
aujourd'hui, pourquoi souhaiter si ardemment
des réalisations futures ? Affirmer le règne
humain, c'est reconnaître l'homme dans le
passé comme dans l'avenir. Les Humanistes de
la Renaissance sont un exemple du secours que

l'enracinement dans le passé peut apporter à un mouvement de libération ; et sans doute à toute époque l'étude du grec et du latin n'a pas cette force vivante ; mais le fait d'avoir un passé fait en tout cas partie de la condition d'homme ; si le monde derrière nous était nu, nous ne saurions guère apercevoir devant nous autre chose qu'un morne désert. Il faut essayer de reprendre à notre compte, à travers nos projets vivants, cette liberté qui s'est engagée dans le passé et de l'intégrer au monde présent.

Mais, d'autre part, on sait que si le passé nous concerne, ce n'est pas en tant que donné brut : c'est en tant qu'il possède une signification humaine ; si cette signification ne peut être reconnue que par un projet qui refuse le legs du passé, alors ce legs doit être refusé : il serait absurde de maintenir contre l'homme un donné qui n'est précieux qu'en tant que s'y exprime la liberté de l'homme. Il y a un pays où le culte du passé est plus que partout ailleurs érigé en système : c'est le Portugal d'aujourd'hui ; mais c'est au prix d'un mépris délibéré de l'homme. Sur toutes les collines où se dressaient des ruines Salazar a fait reconstruire à grands frais des châteaux flambants, et à Obidos il n'hésita pas à affecter à cette restauration les crédits destinés à la Maternité, qu'on fut obligé de fermer ; aux environs de Coïmbra où devait être édifiée une colonie enfantine, il dépensa tant d'argent à faire reproduire à échelle réduite les différents types de vieilles maisons portugaises qu'à peine quatre enfants purent être hébergés dans ce monstrueux village. Partout on encourage les danses, les chants, les fêtes locales, le port des vieux costumes régionaux : on n'ouvre jamais une école. On aperçoit ici sous sa forme extrême l'absurdité d'un choix qui préfère la Chose à l'Homme de qui seul la Chose peut recevoir sa valeur. Des danses, des chants, des costumes régionaux peuvent être émouvants parce que dans les dures conditions où vivaient les paysans d'autrefois ces inventions représentent le seul libre accomplissement qui leur fût permis ; par ces créations ils s'arrachaient à leur travail servile, ils transcendaient leur situation et s'affirmaient comme des hommes en face des bêtes de somme ; partout où ces fêtes existent encore spontanément, où elles ont gardé ce caractère, elles ont leur sens et leur valeur. Mais cérémonieusement reproduites pour l'édification de touristes indifférents, elles ne sont plus qu'un documentaire ennuyeux, voire une mystification odieuse. C'est un sophisme que de vouloir maintenir par la contrainte des choses qui tirent tout leur prix de ce que les hommes tentaient, à travers elles, de s'évader des contraintes. Aussi bien tous ceux qui opposent à l'évolution sociale le respect des vieilles dentelles, des tapis, des coiffes paysannes, des maisons pittoresques, des coutumes régionales, du tissage à la main, du vieux langage, etc., savent fort bien qu'ils sont de mauvaise foi : eux-mêmes ne tiennent pas tant à la réalité présente de ces choses, et, la plupart du temps, leur vie le montre bien. Certes ils traitent de béotiens ceux qui ne reconnaissent pas la valeur inconditionnée d'un point d'Alençon ; mais au fond ils savent que ces objets sont moins précieux en soi que comme la manifestation de la civilisation qu'ils représentent : autant que la dentelle on vante la patience et la soumission des mains travailleuses rivées à leur aiguille. Et c'est pourquoi, refusant la patience et la soumission, nous refusons la dentelle. On sait aussi que les nazis faisaient des reliures et des abat-jour très jolis avec de la peau humaine.

Ainsi l'oppression ne saurait aucunement se justifier au nom du contenu qu'elle défend, et qu'avec mauvaise foi elle érige en idole ; rattaché à la subjectivité qui l'a fondé, ce contenu exige son propre dépassement. On n'aime pas le passé dans sa vérité vivante si on s'obstine à en maintenir les formes figées et momifiées. Le passé est un appel, c'est un appel vers l'avenir qui parfois ne peut le sauver qu'en le détruisant. Que cette destruction soit un sacrifice, il serait mensonger de le nier : puisque l'homme souhaite qu'il y ait de l'être, il ne peut renoncer sans regret à aucune forme d'être. Mais une morale authentique n'enseigne pas à refuser le sacrifice, ni à le nier : il faut l'assumer.

L'oppresseur ne tente pas seulement de se justifier en tant que conservateur. Souvent il préfère invoquer ses réalisations futures, il parle au nom de l'avenir. La capitalisme se pose comme le régime le plus favorable à la production ; le colon est le seul capable d'exploiter des richesses que l'indigène laisserait en friche. C'est par son utilité que l'oppression tente de se défendre. Mais nous avons vu que c'est un des mensonges de l'esprit sérieux que de prétendre donner au mot « utile » un sens absolu ; rien n'est utile s'il n'est utile à l'homme, rien n'est utile à l'homme si celui-ci n'est pas en mesure de définir ses propres fins et ses valeurs, s'il n'est pas libre. Sans doute un régime d'oppression peut réaliser des constructions qui serviront l'homme : elles le serviront seulement du jour où il sera libre de s'en servir ; aucun des bénéfices de l'oppression n'est un bénéfice réel tant que dure le règne de l'oppresseur. Ni dans le passé ni dans l'avenir on ne peut préférer une Chose à l'Homme, qui seul peut constituer la raison de toutes choses.

Enfin l'oppresseur a beau jeu de montrer que le respect de la liberté ne va jamais sans difficulté, et peut-être même peut-il affirmer qu'on ne saurait jamais respecter à la fois toutes les libertés. Mais cela signifie seulement que l'homme doit accepter la tension de la lutte, que sa libération doit chercher activement à se perpétuer, sans viser un impossible état d'équilibre et de repos; cela ne signifie pas qu'il doive préférer à cette incessante conquête le sommeil de l'esclavage. Quels que soient les problèmes qui se posent à lui, les échecs qu'il aura à assumer, les difficultés dans lesquelles il se débattra, il doit à tout prix refuser l'oppression.

3. Les antinomies de l'action

Nous l'avons vu, si l'oppresseur était conscient des exigences de sa propre liberté, il devrait lui-même dénoncer l'oppression. Mais il est de mauvaise foi; au nom du sérieux ou de ses passions, de sa volonté de puissance ou de ses appétits, il refuse de renoncer à ses privilèges. Pour que l'action libératrice fût une action intégralement morale, il faudrait qu'elle se réalisât à travers une conversion des oppresseurs : alors s'effectuerait une réconciliation de toutes les libertés. Mais personne n'ose plus s'abandonner aujourd'hui à ces rêveries utopistes. Nous savons trop qu'on ne peut escompter de conversion collective. Cependant, les oppresseurs, du fait même qu'ils refusent de coopérer à l'affirmation de la liberté, incarnent aux yeux de tous les hommes de bonne volonté l'absurdité de la facticité ; la morale, en réclamant le triomphe de la liberté sur la facticité, réclame aussi qu'on les supprime ; et puisque, par définition, leur subjectivité échappe à notre emprise, c'est seulement sur leur présence objective qu'il sera possible d'agir : il faudra traiter ici autrui comme une chose, lui faire violence, confirmant par là le fait douloureux de la séparation des hommes. Voilà donc l'oppresseur opprimé à son tour ; et les hommes qui le violentent deviennent à leur tour maîtres, tyrans, bourreaux : dans leur révolte, les opprimés se métamorphosent en une force aveugle, une fatalité brutale ; au cœur d'eux-mêmes s'accomplit le scandale qui divise le monde. Et sans doute n'est-il pas question de reculer devant ces conséquences, car la mauvaise volonté de l'oppresseur met chacun dans l'alternative d'être ennemi des opprimés s'il ne l'est de leur tyran ; il faut évidemment choisir de sacrifier celui qui est un ennemi de l'homme ; mais le fait est qu'on se trouve acculé, pour conquérir la liberté de tous, à traiter certains hommes en choses.

Une liberté qui s'emploie à refuser la liberté est elle-même si scandaleuse que le scandale de la violence qu'on exerce contre elle en est presque annulé : la haine, l'indignation, la colère (que le marxiste même cultive malgré la froide impartialité de la doctrine) effacent tous les scrupules. Seulement l'oppresseur ne serait pas si fort s'il n'avait des complices parmi les opprimés eux-mêmes; la mystification est une des formes d'oppression; l'ignorance est une situation où l'homme peut être enfermé aussi étroitement que dans une prison; nous l'avons dit déjà, tout individu peut exercer sa liberté à l'intérieur de son monde : mais tous n'ont pas les moyens de refuser, fût-ce par le doute, les valeurs, les tabous, les consignes dont on les a entourés; sans doute, les consciences respectueuses reprennent à leur compte l'objet de leur respect; en ce sens elles en sont *responsables,* comme elles sont responsables de leur présence au monde : mais elles ne sont pas *coupables* si leur adhésion n'est pas une démission de leur liberté. Quand un jeune nazi de seize ans mourait en criant : « Heil Hitler ! », il n'était pas coupable, et ce n'est pas lui qu'on haïssait, mais ses maîtres. Ce qui eût été souhaitable, c'est de rééduquer cette jeunesse trompée; il faudrait dénoncer la mystification et mettre les hommes qui en sont victimes en présence de leur liberté. Mais l'urgence de la lutte interdit ce lent travail. En même temps que l'oppresseur on est obligé de détruire tous ceux qui le servent, que ce soit par ignorance ou même par contrainte.

Nous l'avons vu aussi : la situation du monde est si complexe qu'on ne saurait lutter partout à la fois et pour tous. Pour remporter une victoire urgente, on devra renoncer, du moins provisoirement, à servir certaines causes valables, on pourra même être amené à les combattre. Ainsi aucun parti antifasciste ne pouvait souhaiter, au cours de la dernière guerre, le succès des révoltes indigènes au sein de l'empire britannique ; ces révoltes étaient appuyées au contraire par les régimes fascistes ; et cependant on ne blâmera pas ceux qui, considérant leur affranchissement comme l'action la plus urgente, profitaient de la situation pour l'obtenir. Il se peut donc, et il arrive même souvent, qu'on se trouve obligé d'opprimer, de tuer des hommes qui poursuivent des buts dont on reconnaît soi-même la validité.

Ce n'est encore pas là le pire scandale de la violence. Elle ne nous contraint pas seulement à sacrifier les hommes qui font obstacle à notre dessein, mais ceux aussi qui luttent avec nous, et nous-mêmes. Puisque nous ne pouvons vaincre nos ennemis qu'en agissant sur leur facticité, en les réduisant en choses, nous devons nous-mêmes nous faire choses ; dans cette lutte où les volontés sont contraintes de s'affronter à travers les corps, les corps de nos alliés comme ceux de nos adversaires sont exposés au même hasard brutal : ils seront blessés, tués, affamés. Toute guerre, toute révolution exige de ceux qui l'entreprennent le sacrifice d'une génération, d'une collectivité. Et même en dehors des périodes de crise où le sang coule, la possibilité permanente de la violence peut constituer entre nations, entre classes, entre races, un état de guerre larvé où les individus sont sacrifiés d'une manière permanente.

Ainsi on se trouve en présence de ce paradoxe qu'aucune action ne peut se faire pour l'homme sans se faire aussitôt contre des hommes. Cette vérité évidente, universellement connue, est cependant si amère que le premier souci d'une doctrine de l'action est ordinairement de masquer cette part d'échec que comporte toute entreprise. Les partis d'oppression escamotent le problème : ils nient la valeur de ce qu'ils sacrifient, de manière qu'ils se trouvent ne *rien* sacrifier. Passant avec mauvaise foi du sérieux au nihilisme, ils posent à la fois la valeur inconditionnée de leur fin et l'insignifiance des hommes dont ils usent comme instruments. Si élevé soit-il, le nombre des victimes est toujours mesurable ; et chacune prise une à une n'est jamais qu'un individu ; cependant, à travers l'espace et le temps, le triomphe de la cause embrasse l'infini, il intéresse la collectivité entière. Il suffit pour nier le scandale de nier au prix de cette collectivité l'importance de l'individu : elle est tout, il n'est qu'un zéro.

En un sens, c'est peu de chose, en effet, qu'un individu. Et on comprend ce mot d'un misanthrope qui déclarait en 1939 : « Après tout, quand on regarde les gens un à un, ça ne semble pas tellement dommage de faire la guerre avec. » Réduit à la pure facticité de sa présence, figé dans son immanence, coupé de son avenir, privé de sa transcendance et du monde que cette transcendance dévoile, un homme n'apparaît plus que comme une chose parmi les choses, qu'on peut soustraire de la collectivité des autres choses sans que son absence laisse sur terre aucune trace. Qu'on multiplie à des milliers d'exemplaires cette minable existence, son insignifiance demeure ; les mathématiques aussi nous enseignent que zéro multiplié par n'importe quel nombre fini demeure zéro. Il se peut même que dans ce vain foisonnement la misère de chaque élément ne s'affirme que davantage. Devant les photographies des charniers de Buchenwald et de Dachau, des fosses jonchées d'ossements, l'horreur parfois se détruit elle-même, elle prend la figure de l'indifférence ; cette chair décomposée, cette chair animale semble si essentiellement vouée à la pourriture qu'on ne peut plus même regretter qu'elle ait accompli son destin ; c'est quand un homme est vivant que sa mort apparaît comme un scandale, mais un cadavre a la tranquillité stupide des arbres et des pierres : il est facile, disent

ceux qui en ont fait l'épreuve, de marcher sur
un cadavre, et plus encore à travers des mon-
ceaux de cadavres ; et c'est par la même raison
que s'explique l'endurcissement que décrivent
ceux des déportés qui ont échappé à la mort :
à travers la maladie, la souffrance, la faim, la
mort, ils n'apercevaient plus en leurs camarades
et en eux-mêmes qu'une horde animale dont
rien ne justifiait plus la vie ni les désirs, dont les
révoltes mêmes n'étaient que soubresauts de
bêtes. Il fallait être soutenu par une foi politique, un orgueil intellectuel, une charité chrétienne, pour demeurer capable de percevoir
l'homme à travers ces corps humiliés. Et c'est
pourquoi les nazis mettaient un acharnement
systématique à jeter dans l'abjection les hommes
qu'ils voulaient détruire ; le dégoût que les victimes éprouvaient à l'égard d'elles-mêmes étouf-
fait la voix de la révolte et justifiait les bourreaux
à leurs propres yeux. Tous les régimes d'oppression se fortifient par l'avilissement des opprimés. J'ai vu en Algérie plusieurs colons apaiser
leur conscience par le mépris où ils tenaient les
Arabes écrasés de misère : plus ceux-ci étaient
misérables, plus ils semblaient méprisables, si
bien qu'il n'y avait jamais place pour le remords.
Et il est vrai que certaines tribus du Sud étaient
si ravagées par la famine et les maladies qu'on
ne pouvait plus ressentir en face d'elles ni révolte
ni espoir, on souhaitait plutôt la mort de ces

malheureux, réduits à une animalité si élémentaire que l'instinct maternel même y est aboli. Cependant au sein de cette résignation sordide il y avait des enfants qui jouaient et qui souriaient; et leur sourire dénonçait le mensonge des oppresseurs : il était appel et promesse, il projetait devant l'enfant un avenir; un avenir d'homme. Si dans tous les pays opprimés un visage d'enfant est si émouvant, ce n'est pas que l'enfant soit plus émouvant, qu'il ait droit au bonheur plus que les autres : c'est qu'il est l'affirmation vivante de la transcendance humaine, il est un regard aux aguets, une main avide qui se tend vers le monde, il est espoir, projet. La ruse des tyrans, c'est d'enfermer un homme dans l'immanence de sa facticité, feignant d'oublier que l'homme est toujours, selon le mot de Heidegger, «infiniment plus que ce qu'il serait si on le réduisait à être ce qu'il est»; l'homme est être des lointains, mouvement vers l'avenir, projet. Le tyran s'affirme lui-même comme transcendance, il considère les autres comme de pures immanences : il s'arroge ainsi le droit de les traiter en bétail. On voit sur quel sophisme il fonde sa conduite : de la condition ambiguë qui est celle de tous les hommes il retient, pour lui, le seul aspect d'une transcendance capable de se justifier; pour les autres, l'aspect contingent et injustifié de l'immanence.

Mais un tel mépris de l'homme, s'il est com-

mode est aussi dangereux ; le sentiment de l'abjection peut confirmer des hommes dans une
résignation sans espoir, mais non les inciter à la
lutte et au sacrifice consenti de leur vie ; c'est
bien ce qu'on a vu au temps de la décadence
romaine où les hommes avaient perdu avec le
goût de leur vie celui de la risquer. Aussi bien
le tyran lui-même n'érige pas ouvertement ce
mépris en principe universel : c'est le Juif, le
nègre, l'indigène qu'il enferme dans son immanence ; à ses serviteurs, ses soldats, il tient un
autre langage. Car il est trop clair que si l'individu est un pur zéro, cette somme de zéros
qu'est la collectivité est aussi un zéro ; aucune
entreprise n'a d'importance, aucune défaite
comme aucune victoire. Pour faire appel au
dévouement de ses troupes, le chef, le parti
autoritaire, utilisera une vérité qui est l'envers
de celle qui l'autorise à l'oppression brutale :
c'est que la valeur de l'individu ne s'affirme
que dans son dépassement. C'est là un des
aspects de la doctrine de Hegel qu'emploient
volontiers les régimes dictatoriaux. Et c'est un
point sur lequel se recoupent l'idéologie fasciste et l'idéologie marxiste. Une doctrine qui
se propose la libération de l'homme ne saurait
évidemment s'appuyer sur le mépris de l'individu ; mais elle peut ne lui proposer d'autre
salut que sa subordination à la collectivité. Le
fini n'est rien sinon son passage dans l'infini ; la

mort d'un individu n'est pas un échec si elle
est intégrée à un projet qui dépasse les limites
de la vie, la substance de cette vie étant hors
de l'individu même, dans la classe, dans l'État
socialiste ; si l'on apprend à l'individu à consentir son sacrifice, celui-ci est aboli comme tel, et
le soldat qui s'est renoncé en faveur de sa cause
mourra joyeusement ; c'est ainsi en effet que
mourraient les jeunes hitlériens. On sait combien de discours édifiants a inspirés cette philosophie : c'est en se perdant qu'on se trouve, en
mourant qu'on accomplit sa vie, en acceptant
la servitude qu'on réalise sa liberté ; ainsi prê-
chent tous les conducteurs d'hommes. Et si
d'aucuns se refusent à entendre ce langage, ils
ont tort, ce sont des lâches : comme tels ils ne
valent rien, ils ne méritent pas qu'on se soucie
d'eux. L'homme valeureux meurt gaiement de
son propre consentement ; celui qui se refuse à
la mort ne mérite que de mourir. Voilà le problème résolu avec élégance.

Mais on peut demander si cette solution
commode ne se conteste pas elle-même. Chez
Hegel l'individu n'est qu'un moment abstrait
de l'Histoire de l'Esprit absolu. Cela s'explique
par l'intuition première du système, qui, identifiant réel et rationnel, vide le monde humain
de son épaisseur sensible ; si la vérité de l'ici et
du maintenant, c'est seulement l'Espace et le
Temps universel, si la vérité de la cause de soi

c'est son passage dans l'autre, alors l'attachement à la substance individuelle de la vie est
évidemment une erreur, une attitude inadé-
quate. Le moment essentiel de la morale hégélienne, c'est le moment de la reconnaissance
des consciences l'une par l'autre ; dans cette
opération, l'autre est reconnu comme identique au moi, ce qui signifie qu'en moi-même
c'est la vérité universelle de mon moi qui est
seule reconnue ; voilà donc la singularité niée,
et elle ne saurait plus réapparaître que sur le
plan naturel et contingent ; le salut moral sera
dans mon dépassement vers cet autre qui est
égal à moi-même et qui se dépassera à son tour
vers un autre. Hegel reconnaît lui-même que si
ce passage se poursuivait indéfiniment, jamais
la Totalité ne s'accomplirait, le réel se dissiperait en relation : on ne saurait sans absurdité
sacrifier indéfiniment chaque génération à la
suivante ; l'histoire humaine ne serait alors
qu'une interminable suite de négations qui ne
reviendraient jamais au positif ; toute action
serait destruction et la vie une fuite vaine. Il
faut admettre qu'il y aura une récupération du
réel et que tous les sacrifices trouveront leur
figure positive au sein de l'Esprit absolu. Mais
ceci ne va pas sans difficulté. L'Esprit est sujet ;
mais *qui* est sujet ? Comment ignorer après Descartes que subjectivité signifie radicalement
séparation ? Et si l'on admet, au prix d'une

contradiction, que *le* sujet sera *les* hommes de
l'avenir réconciliés, il faut bien reconnaître que
demeurent à jamais exclus de cette réconciliation les hommes d'aujourd'hui, qui se trouvent
avoir été la *substance* du réel, et non *sujets*.
D'ailleurs Hegel même recule devant l'idée de
cet avenir immobile ; puisque l'Esprit est inquiétude, la dialectique de la lutte et de la conciliation ne saurait jamais s'arrêter : l'avenir qu'il
envisage n'est pas la paix perpétuelle de Kant,
mais un état de guerre indéfini. Il déclare que
cette guerre n'apparaîtra plus comme un mal
du jour où tout individu aura fait don de lui-
même à l'État ; mais précisément c'est ici que
s'effectue un tour de passe-passe : car *pourquoi*
consentirait-il ce don puisque l'État ne saurait
être l'achèvement du réel, la Totalité se récu-
pérant elle-même ? Tout le système apparaît
comme une vaste mystification, puisqu'il subordonne tous ses moments à un terme dont il
n'ose poser l'avènement ; l'individu se renonce
lui-même ; mais aucune réalité en faveur de
laquelle il puisse se renoncer n'est jamais affirmée ni récupérée. À travers toute cette savante
dialectique on en revient au sophisme que
nous dénoncions : si l'individu n'est rien, la
société ne saurait être quelque chose. Qu'on le
prive de sa substance, et l'État n'a plus de substance ; s'il n'a rien à sacrifier, il n'y a en face
de lui rien à qui se sacrifier. La plénitude hégé-

lienne passe aussitôt dans le néant de l'absence. Et la grandeur même de cet échec fait éclater la vérité : il n'y a que le sujet qui puisse justifier sa propre existence ; aucun sujet étranger, aucun objet ne saurait lui apporter de dehors le salut. On ne peut le regarder comme un rien, puisque la conscience de toutes choses est en lui.

Ainsi le pessimisme nihiliste et l'optimisme rationaliste échouent dans leur effort pour escamoter la vérité amère du sacrifice : ils suppriment aussi toutes raisons de la vouloir. À une jeune malade qui pleurait parce qu'il lui fallait abandonner sa maison, ses occupations, toute sa vie passée, quelqu'un dit : « Guérissez-vous. Le reste est sans importance. — Mais si rien n'a d'importance, répondit-elle, à quoi bon me guérir ? » Elle avait raison. Pour que ce monde ait quelque importance, pour que nos entreprises aient un sens et méritent des sacrifices, il faut que nous affirmions l'épaisseur concrète et singulière de ce monde, la réalité singulière de nos projets et de nous-mêmes. C'est ce que comprennent les sociétés démocratiques ; elles s'efforcent de confirmer les citoyens dans le sentiment de leur valeur individuelle ; tout l'appareil cérémonieux des baptêmes, mariages, enterrements est un hommage de la collectivité à l'individu ; et les rites de la justice cherchent à manifester le respect de la société pour chacun de ses membres, considéré dans sa singularité. On s'étonne, on s'agace même de voir, après ou pendant une période de violence, où les hommes sont traités comme des objets, la vie humaine retrouver en certains cas un caractère sacré. Pourquoi ces hésitations des tribunaux, ces longs procès, alors que des hommes sont morts par millions, comme meurent des bêtes, alors que ceux mêmes que l'on juge les ont froidement massacrés ? C'est qu'aussitôt passée la période de crise où, bon gré mal gré, les démocraties elles-mêmes ont dû se résoudre à la violence aveugle, elles entendent rétablir l'individu dans ses droits ; plus que jamais il leur faut rendre à leurs membres le sens de leur dignité, le sens de la dignité de chaque homme, pris un à un ; il faut que le soldat redevienne citoyen afin que la cité continue de subsister en tant que telle, continue de mériter qu'on se dévoue à elle.

Mais si l'individu est posé comme valeur singulière et irréductible, le mot de sacrifice retrouve tout son sens ; ce qu'un homme perd en renonçant à ses projets, à son avenir, à sa vie, n'apparaît plus comme une chose négligeable. Même s'il décide que pour justifier sa vie il lui faut consentir à en limiter le cours, même s'il accepte de mourir, il y a au cœur de cette acceptation un déchirement ; car la liberté exige à la fois de se récupérer elle-même comme un absolu et de prolonger indéfiniment son mouvement : c'est à travers ce mouvement indéfini qu'elle souhaite de revenir sur elle-même et de se confirmer ; or la mort arrête son élan ; le héros peut transcender sa mort vers un accomplissement futur, mais il ne sera pas présent à cet avenir ; c'est ce qu'il faut comprendre si l'on veut restituer à l'héroïsme son véritable prix : c'est qu'il n'est ni naturel, ni facile ; le héros peut surmonter le regret et consommer son sacrifice ; celui-ci n'en est pas moins un renoncement absolu. C'est aussi comme un malheur singulier et irréductible que sera consentie la mort de ceux à qui nous attachent des liens singuliers. Une conception collectiviste de l'homme n'accorde pas d'existence valable à des sentiments tels que l'amour, la tendresse, l'amitié ; l'identité abstraite des individus autorise seulement entre eux une camaraderie par laquelle chacun s'assimile à chacun des autres ; dans la marche au pas, les refrains chantés en chœur, les travaux en commun et les luttes communes, tous les autres apparaissent comme le même ; personne ne meurt jamais. Au contraire, si les individus se reconnaissent dans leurs différences, il se noue entre eux des rapports singuliers et chacun d'eux devient pour quelques autres irremplaçable. Et la violence ne provoque pas seulement dans le monde le déchirement du sacrifice consenti ; elle est aussi subie dans la révolte et le refus. Même celui qui souhaite une victoire et qui sait qu'il faut la payer se demandera avec amertume : pourquoi avec *mon* sang plutôt qu'avec le sang d'un autre ? Pourquoi est-ce mon fils qui est mort ? Et nous avons vu que toute lutte nous oblige à sacrifier des gens que notre victoire ne concerne pas, des gens qui, avec bonne foi, la refusent comme un cataclysme : ceux-là mourront dans l'étonnement, la colère ou le désespoir. Subie comme un malheur, pour celui qui l'exerce la violence apparaît comme un crime. C'est pourquoi Saint-Just, qui croyait à l'individu et qui savait que toute autorité est violence, disait avec une sombre lucidité : « Nul ne gouverne innocemment. »

On conçoit que ceux qui gouvernent n'aient pas tous le courage d'un tel aveu ; et d'ailleurs il pourrait être dangereux pour eux de le faire à voix trop haute. Ils cherchent à se masquer le crime ; du moins cherchent-ils à le dérober aux regards de ceux qui subissent leur loi. S'ils ne peuvent totalement le nier, ils tentent de le justifier. La justification la plus radicale serait de démontrer qu'il est nécessaire : il cesse alors d'être un crime, il devient fatalité. Même si une fin est posée comme nécessaire, la contingence des moyens rend les décisions du chef arbitraires et chaque souffrance singulière apparaît comme injustifiée : pourquoi cette révolution sanglante plutôt que de lentes réformes ? Et qui osera désigner la victime exigée anonymement

par le dessein général ? Au contraire, si un seul
chemin se découvre comme possible, si le déroul-
lement de l'histoire est fatal, il n'y a plus place
pour l'angoisse du choix, ni pour le regret, ni
pour le scandale ; aucune révolte ne peut plus
sourdre en aucun cœur. C'est ce qui fait du
matérialisme historique une doctrine si rassu-
rante ; on élimine par là l'idée gênante d'un
caprice subjectif ou d'un hasard objectif. La pensée et la voix des dirigeants ne font que refléter
les exigences fatales de l'Histoire. Mais pour que
cette foi soit vivante et efficace, il faut qu'aucune réflexion ne médiatise la subjectivité des
chefs et ne la fasse apparaître comme telle ; si le
chef considère qu'il ne reflète pas simplement
le donné mais qu'il l'interprète, le voilà en proie
à l'angoisse : qui suis-je pour croire en moi-
même ? Et si les yeux du soldat s'ouvrent, il
demande aussi : qui est-il pour me comman-
der ? Au lieu d'un prophète, il n'aperçoit plus
qu'un tyran. C'est pourquoi tout parti autoritaire regarde la pensée comme un danger, la
réflexion comme un crime ; c'est par elle que le
crime apparaît comme tel dans le monde. C'est
un des sens du *Zéro et l'Infini* de Koestler. Rou-
batchov glisse facilement sur la voie des aveux,
parce qu'il sent que l'hésitation et le doute
sont la plus radicale, la plus impardonnable
des fautes ; bien plus qu'une désobéissance de
caprice, elles minent le monde de l'objectivité.

Cependant, si dur que soit le joug, malgré les épurations, les meurtres, les déportations, tout régime a des opposants : il y a réflexion, doute, contestation. Et même si l'opposant se trompe, son erreur fait éclater une vérité : c'est qu'il y a place en ce monde pour l'erreur, pour la subjectivité ; qu'il ait tort ou raison, il triomphe, il démontre que les hommes qui détiennent le pouvoir peuvent aussi se tromper. Et ceux-ci d'ailleurs le savent ; ils savent qu'ils hésitent et qu'ils décident dans le risque. Beaucoup plus qu'une foi, la doctrine de la nécessité est une arme ; et si l'on s'en sert, c'est qu'on sait bien que le soldat pourrait agir autrement qu'il ne fait, autrement qu'on ne veut, pourrait désobéir ; on sait bien qu'il est libre et on enchaîne sa liberté. C'est le premier sacrifice qu'on lui impose : c'est, à fin d'une libération de l'homme, de renoncer à sa propre liberté, jusque dans ses pensées. Pour masquer la violence on ne fait que recourir à une violence nouvelle qui atteint même l'esprit.

Soit, mais cette violence est utile, répond le partisan sûr de ses buts. Et la justification qu'il invoque ici est celle qui, de la manière la plus générale, inspire et légitime toute action. Des conservateurs aux révolutionnaires, à travers des vocabulaires idéalistes et moraux ou bien réalistes et positifs, c'est au nom de l'utilité qu'on excuse le scandale de la violence. Peu importe que l'action ne soit pas fatalement commandée par les événements antérieurs si elle est appelée par la fin proposée ; cette fin fonde les moyens qu'on lui subordonne ; et grâce à cette subordination on peut, non sans doute éviter le sacrifice, mais le légitimer : c'est là ce qui importe à l'homme d'action ; il consent, tel Saint-Just, à perdre son innocence ; c'est à l'arbitraire du crime qu'il répugne, plus qu'au crime même. Si les sacrifices consentis trouvent leur place rationnelle au sein de l'entreprise, on échappe à l'angoisse de la décision et aux remords. Il faut triompher seulement ; c'est la défaite qui changerait en scandale injustifié les meurtres, les destructions, puisqu'ils auraient été accomplis vainement ; mais la victoire donne leur sens et leur utilité à tous les malheurs qui ont servi à la conquérir.

Une telle position serait solide et satisfaisante si le mot *utile* avait en soi un sens absolu ; nous l'avons vu, le propre de l'esprit de sérieux est précisément de lui en conférer un en élevant la Chose ou la Cause à la dignité de fin inconditionnée. Alors le seul problème qui se pose est un problème technique ; les moyens seront choisis d'après leur efficacité, leur sûreté, leur rapidité, leur économie ; il s'agit seulement de mesurer les rapports de ces facteurs : temps, dépenses, probabilité de succès. Encore en temps de guerre la discipline évite-t-elle aux subordonnés ces calculs, ils ne concernent que l'état-major : le soldat ne met en question ni le but, ni le moyen de l'atteindre : il obéit sans discuter. Seulement ce qui distingue la guerre et la politique de toute autre technique, c'est que le matériel employé est un matériel humain. Or, pas plus qu'on ne peut traiter comme une simple marchandise le travail humain, on ne peut traiter comme des instruments aveugles les efforts et les vies humaines ; en même temps que moyen pour atteindre la fin, l'homme est lui-même fin. Le mot *utile* appelle un complément et il ne saurait en avoir qu'un seul : l'homme lui-même. Et le soldat le plus discipliné se mutinerait si une propagande judicieuse ne le persuadait que c'est à la cause de l'homme qu'il se dévoue : à sa cause.

Mais la cause de l'Homme est-elle celle de chaque homme ? C'est là ce que, après Hegel, les morales utilitaires s'efforcent de démontrer ; il s'agit toujours, si l'on veut donner au mot *utile* un sens universel et absolu, de résorber chaque homme au sein de l'humanité ; on déclare qu'en dépit des faiblesses charnelles et de cette peur singulière que chacun éprouve devant sa mort singulière, le véritable intérêt de chacun se confond avec l'intérêt général. Et il est vrai que chacun est lié à tous ; mais c'est précisément là l'ambiguïté de sa condition : dans son dépassement vers les autres, chacun existe absolument

comme pour soi ; chacun est intéressé à la libération de tous, mais en tant qu'existence séparée, engagée dans ses projets singuliers. Si bien
que les termes : utile à l'Homme, utile à cet
homme, ne se recouvrent pas. L'Homme universel, absolu, n'existe nulle part. Par ce biais,
on retrouve encore la même antinomie : la
seule justification du sacrifice, c'est son utilité ;
mais l'utile, c'est ce qui sert l'Homme. C'est
donc pour servir des hommes qu'il faut en des-
servir d'autres. Au nom de quel principe choisir
entre eux ?

Il faut encore rappeler que la fin suprême
que l'homme doit viser, c'est sa liberté, seule
capable de fonder la valeur de toute fin ; on
subordonnera donc le confort, le bonheur, tous
les biens relatifs que définissent les projets
humains à cette condition absolue de réalisation. La liberté d'un seul homme doit compter
plus qu'une récolte de coton ou de caoutchouc ;
quoique ce principe ne soit, en fait, pas respecté,
il est d'ordinaire théoriquement reconnu. Mais
ce qui rend le problème si difficile, c'est qu'il
s'agit de choisir entre la négation d'une liberté
ou d'une autre : toute guerre suppose une
discipline, toute révolution une dictature, toute
politique des mensonges ; du meurtre à la mystification, l'action implique toutes les formes
d'asservissement. Est-elle donc en tout cas
absurde ? Ou peut-on, au sein même du scan-

dale qu'elle implique, trouver malgré tout des raisons de vouloir une chose plutôt qu'une autre ?

Par un étrange compromis qui marque bien que toute action traite à la fois l'homme comme moyen et comme fin, comme objet extérieur et comme intériorité, on tient généralement compte de considérations numériques ; mieux vaut sauver la vie de dix hommes que d'un seul. Ainsi on traite l'homme en fin, car poser la quantité comme valeur, c'est poser la valeur positive de chaque unité ; mais c'est la poser comme valeur quantifiable, donc comme extériorité. J'ai connu un rationaliste kantien qui soutenait avec passion qu'il est aussi immoral de choisir la mort d'un seul homme que d'en laisser périr dix mille ; il avait raison en ce sens qu'en chaque meurtre le scandale est total, dix mille morts, ce n'est jamais à dix mille exemplaires qu'une mort singulière ; aucune multiplication n'a prise sur la subjectivité. Mais il oubliait que, pour celui qui a la décision à prendre, les hommes sont cependant donnés comme des objets qu'on peut compter ; il est donc logique, bien que cette logique implique une scandaleuse absurdité, de préférer le salut du plus grand nombre. Cette position du problème est d'ailleurs assez abstraite, car il est bien rare qu'on fonde le choix sur la pure quantité. Ces hommes entre lesquels on hésite ont des fonctions dans la société. Le général qui économise les vies de ses soldats les économise en tant que matériel humain qu'il est utile de réserver pour les batailles de demain ou pour la reconstruction du pays ; et parfois il condamne à la mort des milliers de civils dont le sort ne le concerne pas, pour épargner la vie de cent soldats ou de dix spécialistes. Un cas-limite est celui que décrit David Rousset dans *Les Jours de notre mort* : les S.S. obligeaient les responsables des camps de concentration à désigner eux-mêmes les détenus bons pour la chambre à gaz ; les politiques acceptaient d'assumer cette responsabilité parce qu'ils pensaient posséder un principe valable de sélection : ils protégeaient les politiques de leur parti, car la vie de ces hommes dévoués à une cause qu'ils pensaient juste leur paraissait la plus utile à sauvegarder. On sait qu'on a beaucoup reproché aux communistes cette partialité ; cependant, puisque d'aucune façon on ne pouvait éluder l'atrocité de ces massacres, le seul parti était de tenter, dans la mesure du possible, de la rationaliser.

Il semble que nous n'ayons guère avancé, car en somme nous en revenons à dire que ce qui apparaît comme utile, c'est de sacrifier les hommes les moins utiles à ceux qui le sont davantage. Mais ce renvoi même de l'utile à l'utile va nous éclairer : le complément du mot *utile,* c'est le mot *homme,* mais c'est aussi le mot *avenir.* C'est l'homme en tant que, selon la formule de Ponge, il est « l'avenir de l'homme ». Et en effet, coupé de sa transcendance, réduit à la facticité de sa présence, un individu n'est rien ; c'est par son projet qu'il se réalise, par la fin visée qu'il se justifie ; cette justification est donc toujours à venir. Seul l'avenir peut reprendre à son compte le présent et le garder vivant en le dépassant. C'est à la lumière de l'avenir, qui est le sens et la substance même de l'action, qu'un choix deviendra possible. On sacrifiera les hommes d'aujourd'hui à ceux de demain, parce que le présent apparaît comme la facticité qu'il faut transcender vers la liberté. Aucune action n'est concevable sans cette affirmation souveraine de l'avenir. Mais encore faut-il s'entendre sur ce que recouvre ce mot.

4. *Le présent et l'avenir*

Le mot *avenir* a deux sens, correspondant aux deux aspects de la condition ambiguë de l'homme, qui est manque d'être et qui est existence ; c'est à la fois comme être et c'est comme existence qu'il est visé. Quand j'envisage mon avenir, je considère ce mouvement qui, prolongeant mon existence d'aujourd'hui, accomplira mes projets présents et les dépassera vers des fins nouvelles : l'avenir, c'est le sens défini d'une transcendance singulière et il est si étroitement lié au présent qu'il compose avec lui une seule forme temporelle ; c'est cet avenir que Heidegger considère comme une réalité donnée à chaque instant. Mais les hommes ont rêvé à travers les siècles d'un autre avenir où il leur fût permis de se récupérer comme êtres dans la Gloire, le Bonheur ou la Justice ; cet avenir ne prolongeait pas le présent, il fondait sur le monde comme un cataclysme annoncé par des signes qui coupaient la continuité du temps : par un Messie, par des météores, par des trompettes du Jugement dernier. En transportant au ciel le royaume de Dieu, les chrétiens l'ont presque dépouillé de son caractère temporel, encore qu'il ne fût promis au croyant qu'au terme de sa vie. C'est l'humanisme antichrétien du XVIIIe qui fait redescendre le mythe sur la terre. Alors, à travers l'idée de progrès, s'élabore une idée de l'avenir où fusionnent ses deux aspects : l'avenir apparaît à la fois comme le sens de notre transcendance et comme l'immobilité de l'être ; il est humain, terrestre, et il est le repos des choses. C'est sous cette forme qu'il se reflète avec hésitation dans le système de Hegel et dans celui d'Auguste Comte. C'est sous cette forme qu'on l'évoque si souvent aujourd'hui, soit en tant qu'unité du Monde, soit en tant qu'État socialiste achevé. Dans les deux cas, l'Avenir apparaît à la fois comme l'infini et comme la totalité, comme le nombre et comme l'unité de la conciliation ; il est l'abolition du négatif, la plénitude et le bonheur. On conçoit qu'on puisse réclamer en son nom n'importe quel sacrifice fini. Quelle que soit la quantité d'hommes sacrifiés aujourd'hui, celle qui profitera de leur sacrifice est infiniment plus élevée ; d'autre part, en face de la positivité de l'avenir, le présent n'est que le négatif qui doit être supprimé en tant que tel : c'est seulement en se dévouant à cette positivité que le négatif peut d'ores et déjà retourner au positif. Le présent, c'est l'existence transitoire qui est faite pour être abolie : elle ne se récupère qu'en se transcendant vers la permanence de l'être futur ; c'est seulement comme instrument, comme moyen, c'est seulement par son efficacité touchant l'avènement de l'avenir que le présent se réalise valablement : réduit à soi, il n'est rien, on peut en disposer à sa guise. C'est là le sens achevé de la formule : la fin justifie les moyens ; tous les moyens sont autorisés de par leur indifférence même. Ainsi les uns pensent avec sérénité que l'oppression présente n'a pas d'importance si, à travers elle, le Monde peut s'accomplir comme tel : alors, au sein de l'harmonieux équilibre du travail et de la richesse,

146   *Pour une morale de l'ambiguïté*

l'oppression sera d'elle-même effacée. D'autres pensent avec sérénité que la dictature actuelle d'un parti, ses mensonges, ses violences n'ont pas d'importance si, à travers elle, l'État socialiste se réalise : alors l'arbitraire et le crime disparaîtront à jamais de la face de la terre. Et d'autres encore pensent plus mollement que les atermoiements, les compromis n'ont pas d'importance puisque cahin-caha l'Avenir finira bien par triompher. C'est la tranquillité du sérieux que retrouvent tous ceux qui, se projetant vers un Avenir-Chose, y engloutissent leur liberté.

Cependant nous avons vu que, malgré les exigences de son système, Hegel même n'ose se leurrer de l'idée d'un avenir immobile ; il admet que, l'esprit étant inquiétude, la lutte ne cessera jamais. Marx ne considère pas l'avènement de l'État socialiste comme un aboutissement absolu, mais comme le terme d'une préhistoire à partir de laquelle la véritable histoire commence. Il suffirait cependant, pour que le mythe de l'avenir fût valable, que cette histoire pût être conçue comme un développement harmonieux où les hommes réconciliés se réaliseraient comme pure positivité ; mais ce rêve n'est pas permis puisque l'homme est originellement négativité. Aucun bouleversement social, aucune conversion morale ne peut supprimer ce manque qui est en son cœur ; c'est en se faisant manque d'être que l'homme existe, et l'existence positive, c'est ce manque assumé, mais non aboli ; on ne peut pas fonder sur l'existence une sagesse abstraite qui, se détournant de l'être, ne viserait que l'harmonie même des existants : car c'est alors le silence absolu de l'en-soi qui se refermerait sur cette négation de la négativité ; sans ce mouvement singulier qui le jette vers l'être, l'homme n'existerait pas. Mais alors on ne saurait imaginer de réconciliation des transcendances : elles n'ont pas la docilité indifférente d'une pure abstraction, elles sont concrètes et se disputent concrètement l'être. Le monde qu'elles dévoilent est un champ de bataille où il n'y a pas de terrain neutre et qu'on ne peut pas non plus distribuer en parcelles : car c'est à travers le monde tout entier que s'affirme chaque projet singulier. L'ambiguïté fondamentale de la condition humaine ouvrira toujours aux hommes la possibilité d'options opposées ; il y aura toujours en eux le désir d'être cet être dont ils se font manque, la fuite devant l'angoisse de la liberté ; le plan de l'enfer, de la lutte, ne sera jamais aboli ; la liberté ne sera jamais donnée, mais toujours à conquérir : c'est ce qu'exprimait Trotski quand il envisageait l'avenir comme révolution permanente. Aussi est-ce un sophisme qui se cache dans cet abus verbal dont tous les partis s'autorisent aujourd'hui pour justifier leur politique, déclarant que le monde est encore en guerre. Si l'on entend par là que la lutte n'est pas achevée, que le monde est en proie à des intérêts opposés et qui s'affrontent dans la violence, on dit vrai ; mais on veut dire aussi qu'une telle situation est anormale et appelle des conduites anormales ; la politique qu'elle comporte peut récuser tout principe moral, puisqu'elle n'a qu'une forme provisoire : plus tard, on agira selon la justice et la vérité. À l'idée de guerre actuelle, on oppose celle d'une paix future où l'homme retrouvera, avec une situation stable, la possibilité d'une morale. Mais en vérité, si la division et la violence définissent la guerre, le monde a toujours été en guerre, il le sera toujours ; si l'homme attend la paix universelle pour tenter de fonder valablement son existence, il attendra indéfiniment : il n'y aura jamais d'avenir *autre*.

Il se peut que certains récusent cette affirmation comme fondée sur des présuppositions ontologiques contestables : on doit reconnaître du moins que cet avenir harmonieux n'est qu'un rêve incertain et qu'en tout cas il n'est pas nôtre. Notre emprise sur l'avenir est limitée, le mouvement d'expansion de l'existence exige qu'on s'efforce à chaque instant de l'accroître ; mais là où elle s'arrête s'arrête aussi notre avenir ; par-delà il n'y a plus rien, parce que plus rien n'est dévoilé. De cette nuit informe nous ne saurions tirer aucune justification de nos actes ; elle les condamne avec la même indifférence ; effaçant les fautes et les défaites d'aujourd'hui, elle en effacera aussi les triomphes ; aussi bien qu'un paradis, elle peut être chaos ou mort : un jour, peut-être, les hommes retourneront à la barbarie, un jour la terre ne sera plus qu'une planète glacée. Dans cette perspective, tous les moments se confondent dans l'indistinction du néant et de l'être. Ce n'est pas à cet avenir incertain, étranger, que l'homme doit confier le soin de son salut : c'est à lui de l'assurer au sein de sa propre existence ; cette existence n'est concevable, nous l'avons dit, que comme affirmation de l'avenir, mais d'un avenir humain, d'un avenir fini.

Ce sens de la finitude est difficile à sauvegarder aujourd'hui. Les cités grecques, la république romaine ont pu se vouloir dans leur finitude, parce que l'infini qui les investissait n'était pour elles que ténèbres ; elles sont mortes de cette ignorance, mais aussi elles en ont vécu. Aujourd'hui cependant nous avons bien du mal à vivre, parce que nous sommes trop appliqués à déjouer la mort. Nous sommes conscients qu'en chacune de nos entreprises le monde entier est intéressé et cet élargissement spatial de nos projets commande aussi leur dimension temporelle ; par une symétrie paradoxale, tandis qu'un individu accorde du prix à une journée

de sa vie, une cité à une année, les intérêts du
Monde se calculent par siècles ; plus est grande
la densité humaine qu'on envisage, plus le
point de vue de l'extériorité l'emporte sur celui
de l'intériorité, et l'idée d'extériorité entraîne
aussi celle de quantité. Ainsi les mesures ont
changé d'échelles, autour de nous l'espace et le
temps se sont dilatés : c'est peu de chose aujour-
d'hui qu'un million d'hommes et un siècle ne
nous semble qu'un moment provisoire ; cependant l'individu n'est pas touché par cette transformation, sa vie garde le même rythme, sa
mort ne recule pas devant lui ; il prolonge son
emprise sur le monde par des instruments qui
lui permettent de dévorer les distances et de
multiplier le rendement de son effort dans le
temps ; mais il n'est toujours qu'un seul. Cependant, au lieu d'accepter ses limites, il essaie de
les abolir. Il prétend agir sur tout et en sachant
tout. À travers le XVIIIe et le XIXe siècle s'est déve-
loppé le rêve d'une science universelle qui,
manifestant la solidarité des parties du tout, per-
mît aussi une puissance universelle ; c'était un
rêve « rêvé par la raison », selon le mot de Valéry,
mais qui n'en était pas moins creux, comme
tous les songes. Car un savant qui prétendrait
tout savoir d'un phénomène le dissoudrait au
sein de la totalité ; et un homme qui prétendrait
agir sur la totalité de l'Univers verrait s'évanouir
le sens de son action. De même que l'infinité

ouverte à mon regard se contracte au-dessus de ma tête en un plafond bleu, de même ma trans- cendance amoncelle au loin l'épaisseur opaque de l'avenir ; mais c'est entre ciel et terre qu'il y a un champ perceptif avec ses formes et ses cou- leurs ; et c'est dans l'intervalle qui me sépare aujourd'hui d'un avenir imprévisible qu'il y a des significations, des fins vers lesquelles diriger mes actes. Dès qu'on introduit dans le monde la présence de l'individu fini, présence sans laquelle il n'y a pas de monde, des formes finies se découpent à travers l'espace et le temps. Et de même encore qu'un paysage n'est pas seu- lement une transition mais un objet singulier, un événement n'est pas seulement un passage mais une réalité singulière. Si on nie avec Hegel l'épaisseur concrète de l'ici et du maintenant au profit de l'espace-temps universel, si on nie la conscience séparée au profit de l'Esprit, on manque avec Hegel la vérité du monde.

Pas plus que l'Univers, il ne faut regarder l'His- toire comme une totalité rationnelle. L'homme, l'humanité, l'univers, l'histoire sont, selon l'ex- pression de Sartre, des « totalités détotalisées », c'est-à-dire que la séparation n'y exclut pas la relation, ni inversement. Il n'existe de société que par l'existence d'individus singuliers ; de même les aventures humaines se détachent sur le fond du temps, chacune à chacune finies, encore qu'elles soient toutes ouvertes sur l'infinité de l'avenir, et par là leurs figures singulières s'impliquent sans se détruire. Une telle conception ne contredit pas celle d'une intelligibilité historique ; car il n'est pas vrai que l'esprit doive opter entre l'absurdité contingente du discontinu et la nécessité rationaliste du continu ; il lui appartient au contraire de détacher sur le fond unique du monde une pluralité d'ensembles cohérents et, inversement, de comprendre ces ensembles dans la perspective d'une unité idéale du monde. Sans soulever tout le problème de la compréhension et de la causalité historiques, il suffit de constater au sein des formes temporelles la présence d'enchaînements intelligibles pour que des prévisions soient possibles et du même coup l'action. Et en vérité, quelle que soit la philosophie à laquelle on se rallie, que notre incertitude manifeste une contingence objective et fondamentale ou qu'elle exprime notre ignorance subjective en face d'une rigoureuse nécessité, l'attitude pratique demeure la même : il nous faut décider de l'opportunité d'un acte et tenter d'en mesurer l'efficacité sans connaître tous les facteurs en présence. De même que le savant, pour connaître un phénomène, n'attend pas que rejaillisse sur lui la lumière de la science achevée ; en éclairant le phénomène il contribue au contraire à constituer la science : ainsi l'homme d'action n'attendra pas, pour décider, qu'une parfaite connaissance lui prouve la nécessité d'un certain choix; il doit choisir d'abord et contribue ainsi à façonner l'histoire. Un tel choix n'est pas plus arbitraire qu'une hypothèse, il n'exclut ni la réflexion ni même la méthode; mais il est libre aussi et il implique des risques qu'il faut assumer comme tels. C'est toujours dans les ténèbres que jaillit le mouvement de l'esprit, qu'on le nomme pensée ou volonté. Et, au fond, il importe très peu pratiquement qu'il y ait ou non une Science de l'histoire, puisque cette Science ne peut se découvrir qu'au terme de l'avenir, et qu'au sein de chaque moment singulier il faut en tout cas manœuvrer dans le doute. Les communistes eux-mêmes admettent qu'il leur est subjectivement possible de se tromper malgré la rigoureuse dialectique de l'Histoire. Celle-ci ne se révèle pas aujourd'hui à eux sous sa forme achevée; ils sont obligés d'en prévoir le développement et cette prévision peut être erronée. Du point de vue politique et tactique, il n'y aura donc aucune différence entre une doctrine de la pure nécessité dialectique et une doctrine qui laisse place à la contingence; la différence est d'ordre moral. Car, au premier cas, on admet une récupération de chaque moment dans l'avenir et on ne prétend donc pas le justifier par lui-même; au second cas, chaque entreprise, n'enveloppant qu'un avenir fini, doit être vécue dans sa finitude et considérée comme un absolu qu'aucun temps étranger ne réussira jamais à sauver. En vérité, celui qui affirme l'unité de l'histoire reconnaît aussi que se découpent en elle des ensembles distincts ; et celui qui souligne la singularité de ces ensembles admet que tous débordent sur un unique horizon ; de même que pour tous existent à la fois des individus et une collectivité ; l'affirmation de la collectivité contre l'individu s'oppose, non sur le plan du fait mais sur le plan moral, à l'affirmation d'une collectivité d'individus existant chacun pour soi. Il en est de même en ce qui concerne le temps et ses moments, et, de même que nous estimons qu'en niant chaque individu un à un, on annule la collectivité, nous pensons que, s'il se livre à une poursuite indéfinie de l'avenir, l'homme perdra son existence sans jamais la récupérer : alors il ressemble à un fou qui court après son ombre. Les moyens seront, dit-on, justifiés par la fin ; mais ce sont eux qui la définissent, et s'ils la contredisent dans le moment où ils la posent, toute l'entreprise sombre dans l'absurdité. Ainsi on défend l'attitude de l'Angleterre en Espagne, en Grèce, en Palestine, sous le prétexte qu'elle doit prendre des positions contre la menace russe afin de sauver avec sa propre existence la civilisation et les valeurs de la démocratie ; mais un démocrate qui ne se défend que par des oppressions équivalentes à celles des régimes autoritaires renie précisément toutes ces valeurs; quelles que soient les vertus d'une civilisation, elle les dément aussitôt si elle les achète par l'injustice et la tyrannie. Inversement, si la fin justificatrice est rejetée au fond d'un avenir mythique, elle ne se réfléchit plus sur le moyen; étant plus proche et plus clair, le moyen lui-même devient le but visé; il barre l'horizon sans cependant être délibérément voulu. Le triomphe de la Russie se propose comme un moyen pour la libération du prolétariat international; mais n'est-il pas devenu pour les staliniens une fin absolue? La fin ne justifie les moyens que si elle demeure présente, si elle est complètement dévoilée au cours de l'entreprise actuelle.

Et par le fait, s'il est vrai que les hommes cherchent dans l'avenir une garantie de leur réussite, une négation de leurs échecs, il est vrai qu'ils éprouvent aussi le besoin de nier la fuite indéfinie du temps et de tenir leur présent entre leurs mains. Il faut affirmer l'existence au présent si l'on ne veut pas que la vie tout entière se définisse comme un échappement vers le néant. C'est ainsi que les sociétés instituent des fêtes dont le rôle est d'arrêter le mouvement de la transcendance, de poser la fin comme fin. Les heures qui suivirent la libération de Paris, par exemple, furent une immense fête collective exaltant la fin heureuse et absolue de cette histoire singulière qui était précisément l'occupation de Paris. Il y avait à ce moment-là des esprits chagrins qui déjà dépassaient le présent vers les difficultés futures ; ils refusaient de se réjouir sous prétexte que de nouveaux problèmes allaient aussitôt se poser ; mais cette mauvaise humeur ne se rencontrait que chez ceux qui avaient peu souhaité la défaite allemande. Tous ceux qui avaient fait de ce combat leur combat, ne fût-ce que par la sincérité de leurs espoirs, regardaient aussi la victoire comme une victoire absolue, quel que dût être l'avenir. Personne n'était assez naïf pour ignorer que bientôt le malheur trouverait d'autres visages ; mais celui-là était effacé de la terre, absolument. C'est là le sens moderne de la fête, aussi bien publique que privée. L'existence tente de s'y confirmer positivement en tant qu'existence. C'est pourquoi, comme l'a montré Bataille, elle se caractérise par la destruction ; la morale de l'être, c'est la morale de l'épargne : en amassant, on vise la plénitude immobile de l'en-soi ; l'existence, au contraire, est consommation : elle ne se fait qu'en défaisant. Pour bien marquer son indépendance par rapport à la chose, c'est ce mouvement négateur que la fête réalise : on mange, on boit, on allume des feux, on brise, on dépense temps et richesses ; on les dépense pour rien. À travers la dépense il s'agit aussi d'établir une communication des existants, car c'est par le mouvement de reconnaissance qui va de l'un à l'autre que l'existence se confirme ; dans les chants, dans les rires, les danses, l'érotisme, l'ivresse, on cherche à la **fois** une exaltation de l'instant et une complicité avec les autres hommes. Mais la tension de l'existence réalisée comme pure négativité ne saurait se maintenir longtemps ; il faut qu'aussitôt elle s'engage dans une nouvelle entreprise, qu'elle s'élance vers l'avenir. Le moment du détachement, la pure affirmation du présent subjectif ne sont que des abstractions ; la joie s'essouffle, l'ivresse retombe en fatigue, on se retrouve les mains vides parce qu'on ne peut jamais posséder le présent ; c'est ce qui donne aux fêtes leur caractère pathétique et décevant. Un des rôles de l'art, c'est de fixer d'une manière plus durable cette affirmation passionnée de l'existence : la fête est à l'origine du théâtre, de la musique, de la danse, de la poésie. En racontant une histoire, en la représentant, on la fait exister dans sa singularité avec son commencement, sa fin, sa gloire ou sa honte. Et c'est ainsi en vérité qu'il faut la vivre. Dans la fête, dans l'art, les hommes expriment leur besoin de se sentir exister absolument. Ils doivent accomplir réellement ce vœu. Ce qui les arrête, c'est que, dès qu'ils donnent au mot fin son double sens de but et d'achèvement, ils aperçoivent clairement cette ambiguïté de leur condition, qui est la plus fondamentale de toutes : que tout mouvement vivant est un glissement vers la mort. Mais s'ils acceptent de l'envisager en face, ils découvrent aussi que tout mouvement vers la mort est vie. On criait autrefois : « Le roi est mort, vive le roi » ; ainsi il faut que le présent meure afin qu'il vive ; l'existence ne doit pas nier cette mort qu'elle porte en son cœur, mais la vouloir ; elle doit s'affirmer comme absolu dans sa finitude même ; c'est au sein du transitoire que l'homme s'accomplit, ou jamais. Il lui faut regarder ses entreprises comme finies et les vouloir absolument.

Il est clair que cette finitude n'est pas celle du pur instant ; nous avons dit que l'avenir était le sens et la substance de toute action ; les limites ne sauraient en être tracées a priori ; il est des projets qui définissent un avenir d'un jour, d'une heure ; et d'autres s'insèrent dans des structures capables de se développer à travers un, deux ou plusieurs siècles, et ils ont par là une prise concrète sur un ou deux ou plusieurs siècles. Quand on lutte pour l'affranchissement d'indigènes opprimés, la libération des Noirs d'Amérique, l'édification d'un État palestinien, la révolution socialiste, il est évident qu'on vise un but à longue échéance ; et on le vise encore concrètement par-delà sa propre mort, à travers le mouvement, la ligue, les institutions, le parti

qu'on aide à constituer. Ce que nous préten-
dons, c'est qu'il ne faut pas attendre que ce but
soit justifié en tant que point de départ d'un
nouvel avenir ; dans la mesure où nous n'avons
plus de prise sur le temps qui s'écoulera par-
delà son avènement, nous ne devons rien
attendre de ce temps pour lequel nous avons
travaillé ; d'autres hommes auront à en vivre les
joies et les peines. Quant à nous, c'est en tant
que fin que le but doit être considéré ; nous
avons à le justifier à partir de notre liberté qui
l'a projeté, par l'ensemble du mouvement
qui aboutit à son accomplissement. Les tâches
que nous nous proposons et qui, tout en débor-
dant les limites de nos vies, sont nôtres, doivent
trouver leur sens en elles-mêmes et non dans
une fin mythique de l'Histoire.

　Mais alors, si nous rejetons l'idée d'un avenir-
mythe pour ne retenir que celle d'un avenir
vivant et fini, délimitant des formes transitoires,
l'antinomie de l'action n'est pas levée ; les sacrifices et les échecs actuels ne nous apparaissent
plus comme rachetés en aucun point du temps.
Et l'utilité ne peut plus se définir absolument.
N'aboutissons-nous pas ainsi à condamner l'action comme criminelle et absurde tout en
condamnant cependant l'homme à l'action ?

5. *L'ambiguïté*

Il ne faut pas confondre la notion d'ambiguïté et celle d'absurdité. Déclarer l'existence absurde, c'est nier qu'elle puisse se donner un sens ; dire qu'elle est ambiguë, c'est poser que le sens n'en est jamais fixé, qu'il doit sans cesse se conquérir. L'absurdité récuse toute morale ; mais aussi la rationalisation achevée du réel ne laisserait pas de place à la morale ; c'est parce que la condition de l'homme est ambiguë qu'à travers l'échec et le scandale il cherche à sauver son existence. Ainsi, dire que l'action doit être vécue dans sa vérité, c'est-à-dire dans la conscience des antinomies qu'elle comporte, cela ne signifie pas qu'on doive y renoncer. Pierrefeu dit justement, dans *Plutarque a menti*, qu'à la guerre il n'est pas de victoire qui ne puisse être regardée comme un insuccès, car l'objectif visé est l'anéantissement total de l'ennemi et ce résultat n'est jamais atteint ; cependant il y a des guerres gagnées, des guerres perdues. Ainsi en est-il de toute activité ; échec et réussite sont deux aspects de la réalité qui ne se distinguent pas d'abord. C'est bien là ce qui rend la critique si aisée, l'art si difficile : le critique a toujours beau jeu de montrer les limites que se donne tout artiste en se choisissant : ni chez Giotto, ni chez le Titien, ni chez Cézanne, la peinture n'est donnée tout entière ; elle se cherche à travers les siècles et ne s'achève jamais ; un tableau où seraient résolus tous les problèmes picturaux est proprement inconcevable ; mais c'est ce mouvement vers sa propre réalité qui est la peinture elle-même ; il n'est pas le vain déplacement d'une meule tournant à vide ; il se concrétise sur chaque toile comme une existence absolue. L'art, la science ne se constituent pas malgré l'échec, mais à travers lui ; ce qui n'empêche pas qu'il y ait des vérités et des erreurs, des chefs-d'œuvre et des navets, selon que la découverte, le tableau, ont su ou non gagner l'adhésion des consciences humaines ; c'est dire que l'échec, toujours inéluctable, est en certains cas sauvé, en d'autres non.

Il est intéressant de poursuivre cette comparaison ; non que nous assimilions l'action à une œuvre d'art ou à une théorie scientifique, mais parce qu'en tout cas la transcendance humaine doit faire face au même problème : il lui faut se fonder, quoiqu'il lui soit interdit de jamais s'accomplir. Or on sait que ni la science, ni l'art ne s'en sont jamais remis à l'avenir du soin de justifier leur existence présente. À aucune époque l'art ne se considère comme un acheminement vers l'Art : l'art dit archaïque ne prépare le classicisme qu'aux yeux des archéologues ; le sculp-

teur qui façonnait les Coré d'Athènes pensait
avec raison faire une œuvre achevée. À aucune
époque la science ne s'est considérée comme
partielle, lacunaire ; sans se croire définitive,
elle s'est toujours voulue cependant expression
totale du monde et c'est dans sa totalité qu'elle
se remet en question d'âge en âge. C'est là un
exemple de la manière dont l'homme doit en
tout cas assumer sa finitude : non pas en posant
son existence comme transitoire, relative, mais
en réfléchissant en elle l'infini, c'est-à-dire en la
posant comme absolue. Il n'y a un art que
parce qu'à chaque moment l'art s'est absolument voulu ; de même il n'y a de libération de
l'homme que si, en se visant, la liberté s'accomplit absolument dans le fait même de se viser.
Ceci exige que chaque action soit considérée
comme une forme achevée dont les différents
moments, au lieu de fuir vers l'infini pour y
trouver leur justification, se réfléchissent les uns
sur les autres, se confirment les uns les autres,
si bien qu'il n'y a plus de séparation tranchée
entre présent et avenir, moyens et fins.

Mais si ces moments constituent une unité, il
ne doit pas y avoir entre eux de contradiction.
Puisque la libération visée n'est pas une *chose*
située dans un temps étranger, mais un mouvement qui se réalise en tendant à se conquérir, elle ne saurait s'atteindre si elle se renie
d'abord ; l'action ne peut chercher à s'accom-

plir par des moyens qui détruiraient son sens
même. Si bien que dans certaines situations
il n'y aura d'autre issue pour l'homme que le
refus. Dans ce qu'on appelle le réalisme politique, il n'y a pas de place pour le refus, parce
que le présent est considéré comme transitoire ;
il n'y a refus que si l'homme revendique au présent son existence comme une valeur absolue ;
alors il doit absolument repousser ce qui nierait
cette valeur. C'est plus ou moins consciemment
au nom d'une telle morale qu'on condamne
aujourd'hui un magistrat qui a livré un communiste pour sauver dix otages et avec lui tous
les vichyssois qui prétendaient « faire la part des
choses » : il ne s'agissait pas de rationaliser le
présent tel qu'il était imposé par l'occupation
allemande, mais de le refuser sans conditions.
La Résistance ne prétendait pas à une efficacité
positive ; elle était négation, révolte, martyre ;
et dans ce mouvement négatif, la liberté était
positivement et absolument confirmée.

En un sens, l'attitude négative est facile ; l'objet refusé est donné sans équivoque et définit
sans équivoque la révolte qu'on lui oppose ;
ainsi tous les Français antifascistes étaient unis
pendant l'Occupation par leur commune résistance contre un seul oppresseur. Le retour au
positif rencontre bien plus d'écueils, comme
on l'a bien vu en France où ont ressuscité, en
même temps que les partis, les divisions et les

haines. Dans le moment du refus, l'antinomie de l'action est levée, le moyen et la fin se rejoignent ; la liberté se pose immédiatement elle-même comme son but et s'accomplit en se posant. Mais l'antinomie reparaît dès que la liberté se donne à nouveau des fins qui sont à distance dans l'avenir ; alors, à travers les résistances du donné, des moyens divergents se proposent et certains se définissent comme contraires à leurs fins. On l'a constaté bien souvent : seule la révolte est pure. Toute construction implique le scandale de la dictature, de la violence. C'est le thème, entre autres, du *Spartacus* de Koestler. Ceux qui ne veulent pas, tel ce Spartacus symbolique, reculer devant le scandale et se vouer à l'impuissance, cherchent d'ordinaire un refuge dans les valeurs du sérieux. C'est pourquoi, chez les individus comme dans les collectivités, le moment négatif est souvent le plus authentique. Goethe, Barrès, Aragon, dans leur jeunesse romantique, dédaigneuse ou révoltée, brisent les vieux conformismes et proposent par là une libération réelle, encore qu'incomplète ; mais voilà plus tard Goethe serviteur de l'État, Barrès du nationalisme, Aragon du conformisme stalinien. On sait comme à l'esprit chrétien, qui était refus de la Loi morte, rapport subjectif de l'individu à Dieu à travers la foi et la charité, s'est substitué le sérieux de l'Église catholique ; la

Réforme a été une révolte de la subjectivité, mais le protestantisme à son tour s'est changé en un moralisme objectif où le sérieux des œuvres a remplacé l'inquiétude de la foi. L'humanisme révolutionnaire, de son côté, n'accepte que rarement la tension de la libération permanente ; il a créé une Église où le salut s'achète par une inscription au parti comme il s'achète ailleurs par le baptême et les indulgences. Nous avons vu que ce recours au sérieux est mensonge ; il entraîne le sacrifice de l'homme à la Chose, de la liberté à la Cause. Pour que le retour au positif soit authentique, il faut qu'il enveloppe la négativité, qu'il ne dissimule pas les antinomies entre moyen et fin, présent et avenir, mais qu'elles y soient vécues dans une tension permanente ; il ne faut ni reculer devant le scandale de la violence, ni le nier, ou, ce qui revient au même, l'assumer d'un cœur léger. Kierkegaard dit que ce qui oppose le pharisien à l'homme moral authentique, c'est que le premier considère son angoisse comme un gage certain de sa vertu ; du fait qu'il se demande : suis-je Abraham ? il conclut : je suis Abraham ; mais la moralité réside dans la douleur d'une interrogation indéfinie. Le problème que nous posons n'est pas le même que celui de Kierkegaard ; ce qui nous importe, c'est de savoir, dans des conditions données, s'il faut ou non tuer Isaac. Mais nous pensons aussi que ce qui distingue le tyran de l'homme de bonne volonté, c'est que le premier se repose dans la certitude de ses buts, tandis que le second se demande dans une interrogation incessante : Est-ce bien à la libération des hommes que je travaille ? Cette fin n'est-elle pas contestée par les sacrifices à travers lesquels je la vise ? En posant ses fins, la liberté doit les mettre entre parenthèses, les confronter à chaque moment avec cette fin absolue qu'elle constitue elle-même et contester en son propre nom les moyens dont elle use pour se conquérir.

Ces considérations demeurent, dira-t-on, bien abstraites. Pratiquement, que faut-il faire ? Quelle action est bonne ? Laquelle mauvaise ? Poser une telle question, c'est aussi tomber dans une abstraction naïve. On ne demande pas au physicien : quelles hypothèses sont vraies ? Ni à l'artiste : par quels procédés fabrique-t-on une œuvre dont la beauté soit garantie ? La morale, pas plus que la science et l'art, ne fournissent des recettes. On peut proposer seulement des méthodes. Ainsi, dans la science, le problème fondamental c'est l'adéquation de l'idée à son contenu, de la loi aux faits ; le logicien constate qu'au cas où la pression du donné fait éclater le concept qui sert à comprendre, on se résout à inventer un autre concept ; mais il ne peut définir a priori le moment de l'invention, encore moins la prévoir. D'une manière analogue on peut dire qu'au cas où le contenu de l'action en dément le sens, il faut modifier non le sens, qui est voulu ici absolument, mais le contenu même ; cependant il est impossible de décider abstraitement et universellement ce rapport du sens au contenu ; il faut en chaque cas particulier une épreuve et une décision. Mais de même encore que, sans attendre de ces réflexions aucune solution toute faite, le physicien trouve profit à réfléchir sur les conditions de l'invention scientifique, et l'artiste sur celles de la création artistique, il est utile à l'homme d'action de chercher à quelles conditions ses entreprises sont valables. Nous allons voir qu'à partir de là se·découvrent des perspectives positives.

Il nous apparaît d'abord que l'individu en tant que tel est une des fins auxquelles doit se destiner notre action. Nous rejoignons ici le point de vue de la charité chrétienne, le culte épicurien de l'amitié, le moralisme kantien qui traite chaque homme comme une fin. Ce n'est pas seulement en tant que membre d'une classe, d'une nation, d'une collectivité qu'il nous intéresse, mais en tant qu'il est un seul homme. Ceci nous distingue du politique systématique qui ne se soucie que des destins collectifs ; et sans doute il n'aide en rien à la libération des

hommes qu'un clochard prenne plaisir à boire
un litre de vin, un enfant à jouer au ballon, un
lazzarone napolitain à paresser au soleil ; c'est
pourquoi la volonté abstraite du révolutionnaire méprise la bonté concrète qui s'emploie
à assouvir des désirs sans lendemain. Cependant il ne faut pas oublier qu'il y a un lien
concret entre liberté et existence ; vouloir
l'homme libre, c'est vouloir qu'il *y ait* de l'être,
c'est vouloir le dévoilement de l'être dans la
joie de l'existence ; pour que l'idée de libération ait un sens concret il faut que la joie d'exister soit affirmée en chacun, à chaque instant ;
c'est en s'épaississant en plaisir, en bonheur,
que le mouvement vers la liberté prend dans le
monde sa figure charnelle et réelle. Si la satisfaction d'un vieil homme qui boit un verre de
vin ne compte pour rien, alors la production, la
richesse ne sont que des mythes creux ; elles
n'ont de sens que si elles sont susceptibles de se
récupérer en joie individuelle et vivante ; l'économie de temps, la conquête du loisir n'ont
aucun sens si le rire d'un enfant qui joue ne
nous touche pas. Si nous n'aimons pas la vie
pour notre propre compte et à travers autrui, il
est vain de chercher d'aucune manière à la justifier.

Le politique a raison cependant de refuser la
bonté dans la mesure où celle-ci sacrifie avec
étourderie l'avenir au présent. Dans les rap-

ports avec chaque individu pris un à un, l'ambiguïté de la liberté, qui bien souvent ne s'emploie qu'à se fuir, introduit une difficile équivoque. Qu'est-ce au juste qu'aimer autrui ? Qu'est-ce que le prendre pour fin ? Il est évident que nous ne déciderons pas d'accomplir en tout cas la volonté de tout homme. Il y a des cas où un homme veut positivement le mal, c'est-à-dire l'asservissement d'autres hommes, et il faut alors le combattre. Il arrive aussi que sans faire de tort à personne il fuie sa propre liberté, cherchant passionnément et solitairement à atteindre l'être qui sans cesse se dérobe à lui. S'il demande notre aide, faut-il la lui accorder ? On blâme un homme qui aide un drogué à s'intoxiquer, un désespéré à se suicider, car on pense que ces conduites inconsidérées sont des attentats de l'individu contre sa propre liberté ; il faut lui faire prendre conscience de son erreur, le mettre en présence des vraies exigences de sa liberté. Soit, mais s'il s'entête ? Il faut alors user de violence ? Là encore, le sérieux s'emploie à esquiver le problème ; les valeurs de la vie, de la santé, du conformisme moral étant posées, on n'hésitera pas à les imposer à autrui. Mais on sait que ce pharisaïsme peut entraîner les pires désastres : faute de drogue, il arrive que l'intoxiqué se tue. Pas plus qu'il ne faut céder à la légère aux impulsions de la pitié ou de la générosité, il ne faut non plus servir avec entêtement une morale abstraite ; la violence ne se justifie que si elle ouvre des possibilités concrètes à cette liberté que je prétends sauver ; en l'exerçant, je prends bon gré mal gré un engagement par rapport à autrui et à moi-même ; un homme que j'arrache à la mort qu'il avait choisie a le droit de venir me demander des moyens et des raisons de vivre ; la tyrannie exercée contre un malade ne peut se justifier que par sa guérison ; quelle que soit la pureté de l'intention qui m'anime, toute dictature est une faute que j'ai à me faire pardonner. Aussi bien ne suis-je pas en situation de prendre de telles décisions à l'égard de n'importe qui : l'exemple de l'inconnu qui se jette dans la Seine et que j'hésite ou non à repêcher est tout abstrait ; en l'absence de lien concret avec ce désespéré, mon choix ne sera jamais que facticité contingente. Si je me trouve dans le cas de faire violence à un enfant, un mélancolique, un malade, un égaré, c'est que, d'une manière ou d'une autre, je me trouve aussi chargé de son éducation, son bonheur, sa santé : parent ou professeur, garde-malade, médecin, ami... Alors, par une convention tacite, du fait même qu'on me sollicite, on accepte ou même on souhaite la rigueur de ma décision ; elle est d'autant plus justifiée que j'assume plus profondément mes responsabilités. C'est pourquoi l'amour autorise des sévérités qui ne sont pas permises à l'indifférence. Ce qui rend le problème si complexe, c'est que, d'une part, on ne doit pas se faire complice de cette fuite devant la liberté qu'on rencontre dans l'étourderie, le caprice, la manie, la passion ; mais que, d'autre part, c'est le mouvement manqué de l'homme vers l'être qui est son existence même, c'est à travers l'échec assumé qu'il s'affirme comme liberté. Vouloir interdire à un homme l'erreur, c'est lui interdire d'accomplir sa propre expérience, c'est le priver de sa vie. Au début du *Soulier de satin*, de Claudel, le mari de Doña Prouhèze, le Juge, le Juste, selon la pensée de l'auteur, explique que toute plante a besoin pour pousser droit d'un jardinier et qu'il est celui que le ciel a destiné à sa jeune épouse ; outre qu'on est choqué par l'arrogance d'une telle pensée (car d'où sait-il qu'il est ce jardinier éclairé ? n'est-il pas seulement un mari jaloux ?), cette assimilation d'une âme à une plante n'est pas acceptable ; car, pour reprendre le mot de Kant, la valeur d'un acte n'est pas dans sa *conformité* à un modèle extérieur, mais dans sa vérité intérieure. Nous récusons les inquisiteurs qui veulent créer du dehors la foi et la vertu ; nous récusons toutes les formes de fascisme qui prétendent faire du dehors le bonheur de l'homme ; et aussi le paternalisme qui croit avoir fait quelque chose pour l'homme en lui interdisant certaines possibilités de tentation, alors qu'il fallait lui donner des raisons d'y résister.

Ainsi la violence n'est pas d'emblée justifiée quand elle s'oppose à des volontés qu'on juge perverties ; elle devient inadmissible si elle prend prétexte de l'ignorance pour nier une liberté qui, nous l'avons vu, peut en vérité s'exercer au sein de l'ignorance même. Que les « élites éclairées » s'efforcent de changer la situation de l'enfant, de l'illettré, du primitif écrasé de superstitions, c'est là une de leurs tâches les plus urgentes ; mais dans cet effort même elles doivent respecter une liberté qui est comme la leur un absolu. Elles se sont toujours opposées, par exemple, à l'extension du suffrage universel en arguant de l'incompétence des masses, des femmes, des indigènes des colonies ; mais c'est oublier que l'homme a toujours à décider de lui-même dans les ténèbres, qu'il lui faut vouloir par-delà ce qu'il sait. Si le savoir infini était nécessaire (à supposer même qu'il fût concevable), alors l'administrateur colonial n'aurait pas non plus de droit à la liberté ; il est bien plus loin de la parfaite connaissance que le sauvage le plus arriéré n'est loin de lui. En vérité, voter ce n'est pas gouverner ; et gouverner ce n'est pas seulement manœuvrer ; il y a une équivoque aujourd'hui, et particulièrement en France, parce que nous pensons que notre destin nous échappe ; nous n'espérons plus contribuer à faire l'histoire, nous nous résignons à la subir ; notre politique intérieure ne fait que refléter le jeu de forces extérieures, aucun parti ne prétend déterminer le sort du pays, mais seulement prévoir l'avenir que préparent au monde les puissances étrangères et employer au mieux cette parcelle d'indétermination qui échappe encore à ses prévisions. Entraînés par ce réalisme tactique, les citoyens eux-mêmes considèrent le vote non plus comme l'affirmation de leur volonté, mais comme une manœuvre, soit qu'on adhère en bloc à la manœuvre d'un parti, soit qu'on invente sa propre stratégie ; les électeurs se considèrent eux-mêmes non comme des hommes qu'on consulte sur un point singulier, mais comme des forces que l'on dénombre et que l'on ordonne en vue de lointaines fins. Et c'est sans doute pourquoi les Français, naguère si avides de déclarer leurs opinions, se désintéressent d'un acte qui est devenu une décourageante stratégie. Alors, en effet, s'il faut non voter mais mesurer le poids de son vote, ce calcul exige des connaissances si vastes, une telle sûreté de prévision, que seul un technicien spécialisé peut avoir l'audace d'émettre un avis. Mais c'est là un de ces abus par lesquels tout le sens de la démocratie se perd ; on devrait logiquement aboutir à la suppression du vote. Le vote doit être en vérité l'expression d'une volonté concrète, le choix d'un représentant capable de défendre, dans le cadre général du pays et du monde, les intérêts singuliers de ses électeurs. L'homme ignorant et déshérité a, lui aussi, des intérêts à défendre ; lui seul est « compétent » pour décider de ses espoirs et de sa confiance. Par un sophisme qui s'appuie sur la mauvaise foi du sérieux, on n'argue pas seulement de son impuissance formelle à choisir, on tire argument du contenu de son choix. Je me rappelle, entre autres, la naïveté d'une jeune fille bien-pensante qui disait : « Le vote des femmes, c'est très bien en principe ; seulement si on donne le vote aux femmes, elles voteront rouge. » Avec une même impudence, on déclare à peu près unanimement aujourd'hui en France que si on permettait aux indigènes de l'Union française de disposer d'eux-mêmes, ils vivraient tranquillement dans leurs villages sans rien faire, ce qui serait néfaste aux intérêts supérieurs de l'Économie. Et sans doute l'état de stagnation où ils choisissent de vivre n'est-il pas celui qu'un homme peut souhaiter pour un autre homme ; il est désirable d'ouvrir devant des Noirs indolents des possibilités neuves, de manière qu'un jour peut-être les intérêts de l'Économie se confondent avec les leurs. Mais, pour l'instant, on les laisse végéter dans une situation telle que leur liberté peut être seulement négative ; le mieux qu'ils puissent désirer, c'est de ne pas se fatiguer, ne pas souffrir, ne pas travailler ; et on leur dénie cette liberté même. C'est la forme la plus achevée et la plus inacceptable de l'oppression.

Cependant, objecte « l'élite éclairée », on ne laisse pas un enfant disposer de lui-même, on ne lui permet pas de voter. Ceci est encore un sophisme. Dans la mesure où la femme, l'esclave heureux ou résigné vivent dans le monde infantile des valeurs toutes faites, cela a un sens de les appeler « une éternelle enfant », « un grand enfant », mais l'analogie n'est que partielle. L'enfance est une situation singulière : c'est une situation *naturelle* dont les limites ne sont pas créées par d'autres hommes et qui est, de ce fait, incomparable avec une situation d'oppression ; c'est une situation commune à tous les hommes et pour tous provisoire ; elle ne représente donc pas une limite coupant l'individu de ses possibilités, mais au contraire le moment d'un développement où se conquièrent de nouvelles possibilités. L'enfant est ignorant parce qu'il n'a pas encore eu le temps de s'instruire, non parce que ce temps lui a été refusé. Le traiter en enfant, ce n'est pas lui barrer l'avenir, mais le lui ouvrir ; il a besoin d'être pris en charge, il appelle l'autorité, elle est la forme que prend pour lui cette résistance de la facticité à travers laquelle s'opère toute libération. Et d'autre part, dans cette situation même, l'enfant a droit à sa liberté et doit être respecté comme une personne humaine ; ce qui fait le prix de l'*Émile*, c'est que Rousseau y a affirmé ce principe avec éclat. Il y a dans l'*Émile* un optimisme naturaliste bien agaçant ; dans l'instruction de l'enfant comme dans tout rapport à autrui, l'ambiguïté de la liberté implique le scandale de la violence ; en un sens, toute éducation est un échec. Mais Rousseau a raison de refuser qu'on opprime l'enfance. Et il est pratiquement très différent d'élever un enfant comme on cultive une plante qu'on ne consulte pas sur ses besoins, ou de le considérer comme une liberté devant laquelle il faut ouvrir l'avenir.

Ainsi nous pouvons poser un premier point : le bien d'un individu ou d'un groupe d'individus mérite d'être pris comme un but absolu de notre action ; mais nous ne sommes pas autorisés à décider a priori de ce bien. À vrai dire, nous ne sommes jamais autorisés d'abord à aucune conduite, et une des conséquences concrètes de la morale existentialiste, c'est le refus de toutes les justifications préalables qu'on pourrait tirer de la civilisation, de l'âge, de la culture ; c'est le refus de tout principe d'autorité. Positivement, le précepte sera de traiter autrui (dans la mesure où il est seul intéressé, ce qui est le moment que nous considérons à présent) comme une liberté à fin de sa liberté ;

en utilisant ce fil conducteur on devra, en chaque cas singulier, inventer dans le risque une solution inédite. Par dépit amoureux une jeune fille absorbe un tube de gardénal ; des amis la trouvent au matin mourante, ils appellent un médecin, on la sauve ; par la suite elle devient une mère de famille heureuse ; ses amis ont eu raison de considérer son suicide comme un acte précipité et étourdi et de la mettre en mesure de le refuser ou le reprendre librement. Mais on voit dans les asiles des mélancoliques qui ont tenté vingt fois de se tuer, qui consacrent leur liberté à chercher le moyen d'échapper à leurs geôliers et de mettre fin à des angoisses intolérables ; le médecin qui leur tape amicalement sur l'épaule est leur tyran et leur bourreau. Un ami intoxiqué par l'alcool ou les drogues me demande de l'argent afin d'aller acheter le poison qui lui est nécessaire ; je l'exhorte à guérir, je le conduis à un médecin, j'essaie de l'aider à vivre ; dans la mesure où j'ai des chances de réussir, j'agis correctement en lui refusant la somme demandée. Mais si les circonstances m'interdisent de rien faire pour changer la situation où il se débat, je n'ai qu'à céder ; une privation de quelques heures ne fera qu'exaspérer inutilement ses tourments ; et il peut recourir à des moyens extrêmes pour obtenir ce que je ne lui donne pas. C'est aussi le problème abordé par Ibsen dans *Le Canard sauvage.* Un individu vit dans une situation de mensonge ; le mensonge est violence, tyrannie : dirai-je la vérité pour libérer la victime ? Il faudrait d'abord avoir créé une situation telle que la vérité fût supportable et que, perdant ses illusions, l'individu leurré trouvât encore autour de lui des raisons d'espérer. Ce qui rend le problème plus complexe, c'est que la liberté d'un homme intéresse presque toujours celle d'autres individus. Voici un couple qui s'entête à vivre dans un taudis ; si on ne réussit pas à lui donner le désir d'habiter dans une demeure plus saine, il faut le laisser suivre ses préférences ; mais la situation change s'il a des enfants ; la liberté des parents serait la ruine de leurs fils et comme c'est du côté de ceux-ci que se trouvent l'avenir, la liberté, c'est d'eux qu'il faut d'abord tenir compte. Autrui est multiple et, à partir de là, de nouvelles questions se posent.

On peut se demander d'abord pour qui nous cherchons la liberté, le bonheur. Ainsi posé, le problème est abstrait ; la réponse sera donc arbitraire et l'arbitraire ne va jamais sans scandale. Ce n'est pas tout à fait la faute de la dame de charité si elle est facilement odieuse ; du fait que, disposant de son temps, de son argent en quantité limitée, elle hésite avant de le distribuer à celui-ci ou à celui-là, elle apparaît en face d'autrui comme pure extériorité, facticité aveugle. Contrairement à la rigueur formelle du kantisme qui considère l'acte comme d'autant plus vertueux qu'il est plus abstrait, la générosité nous semble au contraire d'autant plus fondée, donc plus valable, qu'autrui se distingue moins de nous-mêmes et que nous nous réalisons en le prenant pour fin. C'est ce qui se produit si je suis engagé par rapport à autrui. Les Stoïciens récusaient les liens de famille, d'amitié, de nationalité, pour ne reconnaître que la figure universelle de l'homme. Mais l'homme est homme à travers des situations dont la singularité est précisément un fait universel. Il y a des hommes qui attendent du secours de certains hommes et non d'autres, et ces attentes définissent des lignes d'action privilégiées. Il convient que le Noir lutte pour le Noir, le Juif pour le Juif, le prolétaire pour le prolétaire, l'Espagnol en Espagne. Il faut seulement que l'affirmation de ces solidarités singulières ne contredise pas la volonté d'une solidarité universelle et que chaque entreprise finie soit aussi ouverte sur la totalité des hommes.

Mais c'est alors que nous retrouvons sous une forme concrète les conflits que nous avons abstraitement décrits ; car la cause de la liberté ne peut triompher qu'à travers des sacrifices singuliers. Et certes il y a des hiérarchies entre les biens désirés par les hommes : on n'hésitera pas à sacrifier le confort, le luxe, le loisir de certains pour assurer la libération de certains autres ; mais quand il s'agit de choisir entre des libertés, comment décider ?

Répétons-le, on ne saurait indiquer ici qu'une méthode. Le premier point est de toujours considérer quel intérêt humain véritable emplit la forme abstraite qu'on propose comme but à l'action. Ce sont toujours des Idées que la politique met en avant : Nation, Empire, Union, Économie, etc. Mais aucune de ces formes n'a de valeur en soi, elle n'en a qu'en tant qu'elle enveloppe des individus concrets. Si une nation ne peut s'affirmer orgueilleusement qu'au détriment de ses membres, si une union ne peut se créer qu'au détriment de ceux qu'elle prétend unir, la nation, l'union doivent être refusées. Nous répudions tous les idéalismes, mysticismes, etc., qui préfèrent une Forme à l'homme même. Mais la question devient vraiment angoissante quand il s'agit d'une Cause qui sert authentiquement l'homme. C'est pourquoi le problème de la politique stalinienne, le problème du rapport du Parti aux masses dont il se sert afin de les servir, est au premier plan des préoccupations de tous les hommes de bonne volonté. Il en est peu cependant qui le posent sans mauvaise foi et il faut essayer d'abord de dissiper quelques sophismes.

L'adversaire de l'U.R.S.S. use d'un sophisme quand, soulignant la part de violence criminelle assumée par la politique stalinienne, il néglige de la confronter avec les fins poursuivies. Sans doute les épurations, déportations, les abus de l'occupation, la dictature policière dépassent en importance les violences exercées dans aucun autre pays ; le fait même qu'il y a en Russie cent soixante millions d'habitants multiplie le coefficient numérique des injustices commises. Mais ces considérations quantitatives sont insuffisantes. Pas plus qu'on ne peut détacher la fin du moyen qui la définit, on ne peut juger le moyen sans la fin qui lui donne son sens. Lyncher un nègre ou supprimer cent oppositionnels, ce ne sont pas deux actes analogues. Le lynchage est un mal absolu, il représente la survivance d'une civilisation périmée, la perpétuation d'une lutte de races qui doit disparaître ; c'est une faute sans justification, sans excuse. Supprimer cent oppositionnels, c'est sûrement un scandale, mais il se peut qu'il ait un sens, une raison ; il s'agit de maintenir un régime qui apporte à une immense masse d'hommes une amélioration de leur sort. Peut-être cette mesure eût pu être évitée ; peut-être représente-t-elle seulement cette part nécessaire d'échec que comporte toute construction positive. On ne saurait la juger qu'en la replaçant dans l'ensemble de la cause qu'elle sert.

Mais, d'autre part, le défenseur de l'U.R.S.S. use d'un sophisme quand il justifie inconditionnellement par la fin poursuivie les sacri-

fices et les crimes ; il faudrait d'abord prouver
que, d'une part, la fin est inconditionnée et
que, d'autre part, les crimes commis en son
nom étaient rigoureusement nécessaires. À la
mort de Boukharine on oppose Stalingrad ;
mais il faudrait savoir dans quelle mesure effec-
tive les procès de Moscou ont augmenté les
chances de la victoire russe. Une des ruses de
l'orthodoxie stalinienne, c'est, jouant sur l'idée
de nécessité, de mettre la révolution tout entière
dans un plateau de la balance ; en regard,
l'autre plateau paraîtra toujours peu chargé.
Mais l'idée même d'une dialectique globale de
l'histoire n'implique pas qu'aucun facteur soit
jamais déterminant ; au contraire, si l'on admet
que la vie d'un homme puisse changer le cours
des événements, c'est qu'on se rallie à la conception qui accorde un rôle prépondérant au nez
de Cléopâtre, au gravier de Cromwell. Avec
une totale mauvaise foi on joue ici sur deux
conceptions opposées de l'idée de nécessité :
l'une synthétique, et l'autre analytique ; l'une
dialectique, l'autre déterministe. La première
fait apparaître l'Histoire comme un devenir
intelligible au sein duquel se résorbe la singularité des accidents contingents ; l'enchaînement
dialectique des moments n'est possible que s'il
y a en chaque moment une indétermination des éléments singuliers pris un à un. Si au
contraire on admet le déterminisme rigoureux

de chaque série causale, on aboutit à une vision contingente et désordonnée de l'ensemble, la conjonction des séries étant fait de hasard. Un marxiste doit donc reconnaître qu'aucune de ses décisions singulières n'engage la révolution dans sa totalité ; il s'agit seulement d'en hâter ou d'en retarder l'avènement, de s'épargner l'emploi d'autres moyens plus coûteux. Cela ne signifie pas qu'il doive reculer devant la violence, mais qu'il ne doit pas la regarder comme justifiée a priori par ses fins. S'il considère son entreprise dans sa vérité, c'est-à-dire dans sa finitude, il comprendra qu'il n'a jamais qu'un enjeu fini à opposer aux sacrifices qu'il réclame, et que c'est un enjeu incertain. Certes, cette incertitude ne doit pas l'empêcher de rechercher ses buts ; mais elle exige qu'on se soucie en chaque cas de trouver un équilibre entre le but et les moyens.

Ainsi nous récusons toute condamnation comme aussi toute justification a priori des violences exercées en vue d'une fin valable. Il faut les légitimer concrètement. Un tranquille calcul mathématique est ici impossible. On doit tenter d'apprécier les chances de succès qu'un certain sacrifice implique ; mais d'abord ce jugement sera toujours douteux ; en outre, en face de la réalité immédiate du sacrifice, la notion de chance est difficile à penser. D'une part, on peut multiplier à l'infini une probabi-

lité sans rejoindre jamais la certitude ; mais
cependant, pratiquement, elle finit par se
confondre avec cette asymptote : dans notre vie
privée comme dans notre vie collective, il n'y a
d'autre vérité que statistique. D'autre part, les
intérêts en jeu ne se laissent pas mettre en
équation ; la souffrance d'un homme, celle d'un
million d'hommes sont incommensurables avec
les conquêtes réalisées par des millions d'autres,
la mort présente incommensurable avec la vie à
venir. Il serait utopique de vouloir poser d'un
côté les chances de succès multipliées par l'enjeu à atteindre, et de l'autre côté le poids du
sacrifice immédiat. On se trouve renvoyé à l'angoisse de la décision libre. Et c'est pourquoi le
choix politique est un choix éthique : en même
temps qu'un pari il est une décision ; on parie
sur les chances et les risques de la mesure envi-
sagée ; mais que chances et risques doivent être
ou non assumés dans les circonstances données, il faut le décider sans recours, et ce faisant
on pose des valeurs. Si les Girondins refusaient,
en 93, les violences de la Terreur, tandis qu'un
Saint-Just, un Robespierre les assumaient, c'est
qu'ils n'avaient pas la même conception de la
liberté. Ce n'est pas non plus la même république que visaient, entre 1830 et 1840, les
républicains qui se limitaient à une opposition
purement politique et ceux qui adoptaient la
technique de l'insurrection. Il s'agit en chaque

cas de définir une fin et de la réaliser, sachant que le choix des moyens employés intéresse à la fois cette définition et cet accomplissement.

D'ordinaire, les situations sont si complexes qu'il faut une longue analyse politique avant de pouvoir poser le moment éthique du choix. Nous nous bornerons à envisager ici quelques exemples très simples qui nous permettent de préciser un peu notre attitude. Quand, dans un mouvement révolutionnaire clandestin, on découvre la présence d'un mouton, on n'hésite pas à l'abattre ; il est un danger présent et à venir dont il faut se débarrasser ; mais si un homme est seulement soupçonné de trahison, le cas est plus ambigu. On blâme ces paysans du Nord qui pendant la guerre de 14-18 massacrèrent une famille innocente qu'on soupçonnait de faire des signaux à l'ennemi ; c'est que non seulement les présomptions étaient vagues, mais le danger incertain ; de toute façon, il suffisait de mettre les suspects en prison ; il était facile, en attendant une enquête sérieuse, de les empêcher de nuire. Cependant si un individu douteux tient le sort d'autres hommes entre ses mains, si, pour éviter le risque de tuer un innocent, on court celui d'en laisser mourir dix, il est raisonnable de le sacrifier. Ce qu'on peut demander seulement, c'est que de telles décisions ne soient pas prises avec précipitation et légèreté et que dans l'ensemble le mal qu'on inflige soit inférieur à celui que l'on prévient.

Il y a des cas plus inquiétants encore parce que la violence n'y est pas immédiatement efficace ; les violences de la Résistance ne visaient pas l'affaiblissement matériel de l'Allemagne ; elles se proposaient précisément de créer un état de violence tel que la collaboration fût impossible ; en un sens, c'était payer trop cher la suppression de trois officiers ennemis que de la payer par l'incendie de tout un village français ; mais ces incendies, les massacres d'otages, faisaient eux-mêmes partie du plan, ils créaient un abîme entre occupants et occupés. De même les insurrections de Paris et de Lyon, au début du XIXᵉ, ou les révoltes des Indes, ne prétendaient pas briser d'un coup le joug de l'oppresseur, mais créer et entretenir le sens de la révolte, rendre impossible les mystifications de la conciliation. Des tentatives qui se savent une à une vouées à l'échec peuvent se légitimer par l'ensemble de la situation qu'elles créent. C'est le sens aussi du roman de Steinbeck, *En un combat douteux*, où un chef communiste n'hésite pas à déclencher une grève coûteuse, au succès incertain, mais à travers laquelle naîtront, avec la solidarité des travailleurs, la conscience de l'exploitation subie et la volonté de la refuser.

Il me semble intéressant d'opposer à cet exemple le débat que raconte John Dos Passos dans *The Adventures of a Young Man*. À la suite d'une grève, des mineurs américains sont condamnés à mort. Leurs camarades cherchent à faire réviser leur procès. Deux méthodes se proposent : on peut agir officieusement et on sait qu'on a alors de grandes chances d'obtenir gain de cause ; on peut aussi faire un procès retentissant, le P.C. prenant en main l'affaire, suscitant une campagne de presse et des pétitions internationales ; mais le tribunal ne voudra pas céder à cette intimidation. Le parti se fera par là une énorme publicité, mais les mineurs seront condamnés. Que décidera ici un homme de bonne volonté ?

Le héros de Dos Passos choisit de sauver les mineurs et nous lui donnons raison. Certes, s'il fallait choisir entre la révolution tout entière et la vie de deux ou trois hommes, aucun révolutionnaire ne pourrait hésiter ; mais il s'agit seulement d'aider à la propagande du parti, ou mieux d'augmenter un peu ses chances de développement à l'intérieur des U.S.A. ; l'intérêt immédiat du P.C. en ce pays n'est lié qu'hypothétiquement à celui de la révolution ; en fait, un cataclysme tel que la guerre a bouleversé la situation du monde de telle manière qu'une grande partie des gains et pertes du passé ont été absolument balayés. Si ce sont vraiment des hommes que le mouvement prétend servir, il doit ici préférer la vie de trois individus concrets à une très incertaine et faible chance de servir un peu plus efficacement par leur sacrifice l'humanité à venir. S'il tient ces vies pour négligeables, c'est qu'il se range, lui aussi, du côté des politiques formels qui préfèrent l'Idée à son contenu ; c'est qu'il se préfère lui-même dans sa subjectivité, aux buts auxquels il prétend se dévouer. En outre, tandis que dans l'exemple choisi par Steinbeck la grève est immédiatement un appel à la liberté des travailleurs, que dans l'échec même elle est déjà une libération, le sacrifice des mineurs est mystification et oppression ; on les dupe en leur faisant croire qu'on cherche à sauver leur vie, on dupe avec eux tout le prolétariat. Ainsi, ici et là, nous nous trouvons devant le même cas abstrait : des hommes vont mourir pour que le parti qui prétend les servir réalise un gain limité ; mais une analyse concrète nous conduit à des solutions morales opposées.

On voit que la méthode que nous proposons, analogue en cela aux méthodes scientifiques ou esthétiques, consiste à confronter en chaque cas les valeurs réalisées et les valeurs visées, le sens de l'acte avec son contenu. Le fait est qu'à l'encontre du savant et de l'artiste, et bien que la part d'échec qu'il assume soit beaucoup plus scandaleuse, le politique se soucie rarement de l'employer. Serait-ce qu'il y a une dialectique irrésistible du pouvoir qui ne laisse aucune place à la morale? Le souci éthique, même sous sa forme réaliste et concrète, est-il néfaste aux intérêts de l'action? On nous objectera sûrement que l'hésitation, l'inquiétude ne font que retarder la victoire. Puisque de toute façon il y a en toute réussite une part d'échec, puisqu'il faut en tout cas surmonter l'ambiguïté, pourquoi ne pas refuser d'en prendre conscience? Dans le premier numéro des *Cahiers d'Action*, un lecteur déclarait qu'on devrait regarder une fois pour toutes le militant communiste comme « le héros permanent de notre temps » et refuser la fatigante tension exigée par l'existentialisme ; installé dans la permanence de l'héroïsme, on se dirigera en aveugle vers un but incontesté ; mais on ressemble alors au colonel de La Roque qui allait avec fermeté droit devant lui sans savoir où il allait. Malaparte raconte que les jeunes nazis, afin de devenir insensibles à la souffrance d'autrui, s'exerçaient à arracher les yeux à des chats vivants ; on ne saurait éviter plus radicalement les pièges de l'ambiguïté. Mais une action qui veut servir l'homme doit au contraire veiller à ne pas l'oublier en cours de route ; si elle choisit de s'accomplir aveuglément, elle perdra son sens ou elle revêtira un sens imprévu ; car le but n'est pas fixé une fois pour toutes, il se définit tout au long du chemin qui y conduit. Seule la vigi-

lance peut perpétuer la validité des buts et l'affirmation authentique de la liberté. D'ailleurs,
l'ambiguïté ne peut manquer de se faire jour ;
elle est ressentie par la victime, et sa révolte ou
ses plaintes la font exister aussi pour son tyran ;
celui-ci sera alors tenté de tout remettre en
question, de renoncer, reniant ainsi et lui-même
et ses fins ; ou, s'il s'entête, il ne continuera à
s'aveugler qu'en multipliant les crimes et en
pervertissant de plus en plus son dessein originel. En vérité, ce n'est pas par respect de ses
fins que l'homme d'action devient dictateur,
c'est parce que ces fins sont nécessairement
posées à travers sa volonté. Hegel a souligné
dans la *Phénoménologie* cette confusion inextri-
cable entre objectivité et subjectivité. Un homme
ne se donne à une Cause qu'en en faisant *sa*
Cause ; comme il s'accomplit en elle, c'est aussi
à travers lui qu'elle s'exprime et la volonté de
puissance ne se distingue pas ici de la générosité ; c'est leur propre triomphe qu'un individu
ou un parti prennent pour fin quand ils choisissent de triompher à n'importe quel prix. Si
la fusion du Commissaire et du Yogi était réa-
lisée, il y aurait dans l'homme d'action une
autocritique qui lui dénoncerait à chaque instant l'ambiguïté de sa volonté, arrêtant l'élan
impérieux de sa subjectivité et du même coup
contestant la valeur inconditionnée du but.
Mais, en fait, le politique suit la pente de la faci-

lité ; il est facile de s'endormir au malheur
d'autrui et de le compter pour peu ; il est plus
facile de jeter en prison cent hommes dont
quatre-vingt-dix-sept sont innocents que de
découvrir les trois malfaiteurs qui se cachent
parmi eux ; il est plus facile de tuer un homme
que de le surveiller ; toute politique utilise
la police, qui affiche professionnellement un
mépris radical de l'individu et qui aime la violence pour elle-même. Ce qu'on désigne sous
le nom de nécessité politique, c'est en partie
une paresse et une brutalité de policier. C'est
pourquoi il appartient à la morale de remonter
une pente qui n'est pas fatale, mais bien librement consentie ; il faut qu'elle se rende effec-
tive afin que devienne difficile ce qui était
d'abord facilité. À défaut de critique interne,
c'est le rôle que doit se proposer une opposition. Il y a deux types d'opposition. Le premier
est un refus radical des fins mêmes posées par
un régime : c'est l'opposition de l'antifascisme
au fascisme, du fascisme au socialisme. Dans
le second type, l'oppositionnel accepte le but
objectif mais critique le mouvement subjectif
qui le vise ; il peut même ne pas souhaiter un
changement de pouvoir, mis il juge nécessaire
d'effectuer une contestation qui fera apparaître
le subjectif comme tel. Du même coup, il exige
une perpétuelle contestation des moyens par la
fin, de la fin par les moyens. Il doit prendre

garde lui-même de ne pas ruiner par les
moyens qu'il emploie la fin qu'il vise, et en premier lieu de ne pas passer au service des oppositionnels du premier type. Mais, pour délicat
qu'il soit, son rôle n'en est pas moins nécessaire. En effet, d'une part, il serait absurde de
contredire une action libératrice sous prétexte
qu'elle implique le crime et la tyrannie : car
sans crime et sans tyrannie il ne saurait y avoir
de libération de l'homme : on ne peut échapper à cette dialectique qui va de la liberté à la
liberté à travers la dictature et l'oppression.
Mais, d'autre part, il serait coupable de laisser le mouvement libérateur se figer dans un
moment qui n'est acceptable que s'il passe en
son contraire, il faut empêcher la tyrannie et
le crime de s'installer triomphalement dans le
monde ; la conquête de la liberté est leur seule
justification et contre eux on doit donc maintenir vivante l'affirmation de la liberté.

CONCLUSION

Une telle morale est-elle ou non un individualisme ? Oui, si l'on entend par là qu'elle
accorde à l'individu une valeur absolue et qu'elle
ne reconnaît qu'à lui seul le pouvoir de fonder
son existence. Elle est individualisme au sens
où les sagesses antiques, la morale chrétienne
du salut, l'idéal de la vertu kantienne méritent
aussi ce nom ; elle s'oppose aux doctrines totali-
taires qui dressent par-delà l'homme le mirage
de l'Humanité. Mais elle n'est pas un solipsisme, puisque l'individu ne se définit que par
sa relation au monde et aux autres individus, il
n'existe qu'en se transcendant et sa liberté ne
peut s'accomplir qu'à travers la liberté d'autrui.
Il justifie son existence par un mouvement qui,
comme elle, jaillit du cœur de lui-même, mais
qui aboutit hors de lui.

Cet individualisme ne conduit pas à l'anarchie du bon plaisir. L'homme est libre ; mais
il trouve sa loi dans sa liberté même. D'abord il

doit assumer sa liberté et non la fuir ; il l'assume par un mouvement constructif : on n'existe pas sans faire ; et aussi par un mouvement négatif qui refuse l'oppression pour soi et pour autrui. Dans la construction, comme dans le refus, il s'agit de reconquérir la liberté sur la facticité contingente de l'existence, c'est-à-dire de reprendre comme voulu par l'homme le donné qui d'abord *est là* sans raison. Une telle conquête n'est jamais achevée ; la contingence demeure et même, pour affirmer sa volonté, l'homme est obligé de faire surgir dans le monde le scandale de ce qu'il ne veut pas. Mais cette part d'échec est condition même de la vie ; on ne saurait rêver son abolition sans rêver aussitôt la mort. Ceci ne signifie pas qu'on doive consentir à l'échec, mais on doit consentir à lutter contre lui sans repos.

Cependant cette bataille sans victoire n'est-elle pas pure duperie ? Il n'y a là, diront certains, qu'une ruse de la transcendance projetant devant elle un but qui recule sans cesse, courant après elle-même dans un piétinement indéfini ; exister pour l'Humanité, c'est demeurer sur place et elle se mystifie en appelant progrès cette turbulente stagnation ; toute notre morale ne fait que l'encourager dans cette entreprise de mensonge, puisque nous demandons à chacun de confirmer pour tous les autres l'existence comme valeur ; ne s'agit-il pas simplement d'organiser entre les hommes une complicité qui leur permette de substituer au monde donné un jeu d'illusions ?

Nous avons tenté déjà de répondre à cette objection. On ne saurait la formuler qu'en se plaçant sur le terrain d'une objectivité inhumaine et par conséquent fausse ; à l'intérieur de l'Humanité on peut mystifier des hommes ; le mot mensonge a un sens par opposition à la vérité établie par les hommes mêmes, mais l'Humanité ne saurait se mystifier tout entière puisque c'est précisément elle qui crée les critères du vrai et du faux. L'art est mystification chez Platon parce qu'il y a le ciel des Idées ; mais dans le domaine terrestre toute glorification de la terre est vraie dès qu'elle est réalisée. Que les hommes attachent du prix aux mots, aux formes, aux couleurs, aux théorèmes mathématiques, aux lois physiques, aux prouesses sportives, à l'héroïsme ; que dans l'amour, l'amitié, ils s'accordent du prix les uns aux autres, et les objets, les événements, les hommes *ont* aussitôt ce prix, ils l'ont absolument. Il est possible qu'un homme se refuse à rien aimer sur terre ; il prouvera ce refus et il l'accomplira par le suicide. S'il vit, c'est que, quoi qu'il dise, il demeure en lui quelque attachement à l'existence ; sa vie sera à la mesure de cet attachement, elle se justifiera dans la mesure où elle justifiera authentiquement le monde.

Cette justification, quoique ouverte sur l'univers entier à travers l'espace et le temps, sera toujours finie. Quoi qu'on fasse, on ne réalise jamais qu'une œuvre limitée comme cette existence même qui tente de se fonder à travers elle et que limite aussi la mort. C'est l'affirmation de notre finitude qui sans doute donne à la doctrine que nous venons d'évoquer son austérité et, aux yeux de certains, sa tristesse. Dès qu'on considère abstraitement et théoriquement un système, on se situe en effet sur le plan de l'universel, donc de l'infini. C'est pourquoi la lecture du système hégélien est si consolante : je me souviens d'avoir éprouvé un grand apaisement à lire Hegel dans le cadre impersonnel de la Bibliothèque nationale, en août 1940. Mais dès que je me retrouvais dans la rue, dans ma vie, hors du système, sous un vrai ciel, le système ne me servait plus de rien : c'était, sous couleur d'infini, les consolations de la mort qu'il m'avait offertes ; et je souhaitais encore vivre au milieu d'hommes vivants. Je pense qu'inversement l'existentialisme ne propose pas au lecteur les consolations d'une évasion abstraite : l'existentialisme ne propose aucune évasion. C'est au contraire dans la vérité de la vie que sa morale s'éprouve et elle apparaît alors comme la seule proposition de salut qu'on puisse adresser aux hommes. Reprenant à son compte la révolte de Descartes contre le malin génie, l'orgueil du roseau pensant en face de l'univers qui l'écrase, elle affirme que malgré ses limites, à travers elles, il appartient à chacun de réaliser son existence comme un absolu. Quelles que soient les dimensions vertigineuses du monde qui nous entoure, l'épaisseur de notre ignorance, les risques de catastrophes à venir et notre faiblesse individuelle au sein de l'immense collectivité, il reste que nous sommes libres aujourd'hui et absolument si nous choisissons de vouloir notre existence dans sa finitude ouverte sur l'infini. Et en fait tout homme qui a eu de vraies amours, de vraies révoltes, de vrais désirs, de vraies volontés, sait bien qu'il n'a besoin d'aucune garantie étrangère pour être sûr de ses buts ; leur certitude vient de son propre élan. Il y a un très vieux dicton qui déclare : « Fais ce que dois, advienne que pourra. » C'est dire d'une autre manière que le résultat n'est pas extérieur à la bonne volonté qui se réalise en le visant. S'il advenait que chaque homme fasse ce qu'il doit, en chacun l'existence serait sauvée sans qu'il y ait lieu de rêver d'un paradis où tous seraient réconciliés dans la mort.

Pyrrhus et Cinéas

À cette dame

Plutarque raconte qu'un jour Pyrrhus faisait des projets de conquête. «Nous allons d'abord soumettre la Grèce», disait-il. «Et après?» dit Cinéas. «Nous gagnerons l'Afrique.» — «Après l'Afrique?» — «Nous passerons en Asie, nous conquerrons l'Asie Mineure, l'Arabie.» — «Et après?» — «Nous irons jusqu'aux Indes.» — «Après les Indes?» — «Ah!» dit Pyrrhus, «je me reposerai.» — «Pourquoi», dit Cinéas, «ne pas vous reposer tout de suite?»

Cinéas semble sage. À quoi bon partir si c'est pour rentrer chez soi? À quoi bon commencer si l'on doit s'arrêter? Et pourtant, si je ne décide pas d'abord de m'arrêter, il me paraîtra encore plus vain de partir. «Je ne dirai pas A», dit l'écolier avec entêtement. «Mais pourquoi?» — «Parce que, après ça, il faudrait dire B.» Il sait que s'il commence, il n'en aura jamais fini : après B, ce sera l'alphabet tout entier, les syllabes, les mots, les livres, les examens et la carrière; à chaque minute une nouvelle tâche qui le jettera en avant vers une tâche nouvelle, sans repos. Si ça ne doit jamais finir, à quoi bon commencer ? Même l'architecte de la tour de Babel pensait que le ciel était un plafond et qu'on le toucherait un jour. Si Pyrrhus pouvait reculer les limites de ses conquêtes par-delà la terre, par-delà les étoiles et les plus lointaines nébuleuses, jusque dans un infini qui sans cesse fuirait devant lui, son entreprise n'en serait que plus insensée, son effort se disperserait sans jamais se rassembler dans aucun but. Au regard de la réflexion, tout projet humain semble donc absurde, car il n'existe qu'en s'assignant des limites, et ces limites, on peut toujours les franchir, se demandant avec dérision : «Pourquoi jusque-là ? Pourquoi pas plus loin ? À quoi bon ?»

«Je trouvais qu'aucun but ne valait la peine d'aucun effort», dit le héros de Benjamin Constant. Ainsi pense souvent l'adolescent lorsque la voix de la réflexion s'éveille en lui. Enfant, il ressemblait à Pyrrhus : il courait, il jouait sans se poser de question et les objets qu'il créait lui semblaient doués d'une existence absolue, ils portaient en eux-mêmes leur raison d'être; mais il a découvert un jour qu'il avait le pouvoir de dépasser ses propres fins : il n'y a plus de fins; il n'existe plus pour lui que de vaines occupations, il les refuse. «Les dés sont pipés», dit-il; il regarde avec mépris ses aînés : comment leur est-il possible de croire en leurs entreprises ? ce sont des dupes. Certains se sont tués pour mettre fin à ce leurre dérisoire; et c'était en effet le seul moyen d'en finir. Car tant que je demeure vivant, c'est en vain que Cinéas me harcèle, disant : «Et après ? À quoi bon ?» En dépit de tout, *le cœur bat, la main se tend, de nouveaux projets naissent et me poussent en avant. Des sages ont voulu voir dans cet entêtement le signe de l'irrémédiable folie de l'homme : mais une perversion si essentielle peut-elle être encore appelée perversion ? Où trouverons-nous la vérité de l'homme, si ce n'est en lui ? La réflexion ne saurait arrêter l'élan de notre spontanéité.*

Mais la réflexion est aussi spontanée. L'homme plante, bâtit, conquiert, il veut, il aime : il y a toujours un « après ? ». Il se peut que d'instant en instant il se jette avec une ardeur toujours neuve dans de nouvelles entreprises ; ainsi don Juan ne délaisse une femme que pour en séduire une autre ; mais même don Juan se fatigue un beau jour.

Entre Pyrrhus et Cinéas le dialogue recommence sans fin.

Et cependant, il faut que Pyrrhus décide. Il reste ou il part. S'il reste, que fera-t-il ? S'il part, jusqu'où ira-t-il ?

« Il faut cultiver notre jardin », dit Candide. Ce conseil ne nous sera pas d'un grand secours. Car, quel est mon jardin ? Il y a des hommes qui prétendent labourer la terre entière ; et d'autres trouveront un pot de fleurs trop vaste. Certains disent avec insouciance : « Après nous, le déluge », tandis que Charlemagne mourant pleurait en apercevant les barques des Normands. Cette jeune femme s'irrite parce qu'elle a des souliers percés qui prennent l'eau. Si je lui dis : « Qu'importe ? Pensez à ces millions d'hommes qui

meurent de faim au fond de la Chine », elle me répond avec colère : « *Ils sont en Chine. Et c'est mon soulier qui est percé.* » Cependant, voici une autre femme qui pleure sur l'horreur de la famine chinoise; si je lui dis : « *Que vous importe ? vous n'avez pas faim* », elle me regarde avec mépris : « *Qu'importe mon propre confort ?* » Comment donc savoir ce qui est le mien ? Les disciples du Christ demandaient : *Qui est mon prochain ?*

Quelle est donc la mesure d'un homme ? Quels buts peut-il se proposer, et quels espoirs lui sont permis ?

PREMIÈRE PARTIE

Le jardin de Candide

J'ai connu un enfant qui pleurait parce que
le fils de sa concierge était mort; ses parents
l'ont laissé pleurer, et puis ils se sont aga-
cés. «Après tout ce petit garçon n'était pas ton
frère. » L'enfant a essuyé ses larmes. Mais c'était
là un enseignement dangereux. Inutile de pleurer sur un petit garçon étranger: Soit. Mais
pourquoi pleurer sur son frère? «Ce ne sont
pas tes affaires », dit la femme en retenant son
mari, qui veut courir prendre part à une bagarre.
Le mari s'éloigne, docile; mais si quelques instants plus tard la femme demande son aide,
disant: «Je suis fatiguée, j'ai froid », du sein de
cette solitude où il s'est renfermé il la regarde
avec surprise, pensant: « Sont-ce là *mes* affaires? »
Qu'importent les Indes? mais alors, qu'importe
l'Épire? Pourquoi appeler *miens* ce sol, cette
femme, ces enfants? j'ai engendré ces enfants,
ils sont là; la femme est à côté de moi, le sol
sous mes pieds: il n'existe aucun lien entre eux

et moi. Ainsi pense l'Étranger de M. Camus; il
se sent étranger au monde tout entier qui lui
est tout entier étranger. Souvent dans le malheur l'homme renie ainsi toutes ses attaches. Il
ne veut pas du malheur, il cherche comment le
fuir; il regarde en soi : il voit un corps indifférent, un cœur qui bat d'un rythme égal; une
voix dit : «J'existe.» Le malheur n'est pas là.
Il est dans la maison déserte, sur ce visage
mort, dans ces rues. Si je rentre en moi-même
je regarde avec étonnement ces rues inertes,
disant : «Mais que m'importe? tout cela ne
m'est rien.» Je me retrouve indifférent, paisible. «Mais qu'est-ce qu'il y a de changé?»
disait en septembre 1940 ce petit bourgeois
sédentaire assis au milieu de ses meubles, «On
mange toujours les mêmes beefsteaks.» Les
changements n'existaient que dehors : en quoi
le concernaient-ils?

Si je n'étais moi-même qu'une chose, rien en
effet ne me concernerait; si je me referme sur
moi, l'autre est aussi fermé pour moi; l'existence inerte des choses est séparation et solitude. Il n'existe entre le monde et moi aucune
attache toute faite. Et tant que je suis au sein de
la nature un simple donné, rien n'est mien. Un
pays n'est pas mien si j'y ai seulement poussé
comme une plante; ce qui s'édifie sur moi sans
moi n'est pas mien : la pierre qui supporte passivement une maison ne saurait prétendre que

la maison est sienne. L'Étranger de M. Camus a raison de refuser tous ces liens qu'on prétend lui imposer du dehors : aucun lien n'est donné d'abord. Si un homme se satisfait d'un rapport tout extérieur avec l'objet, disant : « Mon tableau, mon parc, mes ouvriers » parce qu'un contrat lui a conféré certains droits sur ces objets, c'est qu'il choisit de se leurrer ; il voudrait étendre sa place sur la terre, dilater son être par-delà les limites de son corps et de sa mémoire, sans courir cependant le risque d'aucun acte. Mais l'objet demeure en face de lui indifférent, étranger. Les rapports sociaux, organiques, économiques, ne sont que des rapports externes et ne sauraient fonder aucune possession véritable.

Pour nous emparer sans danger de biens qui ne sont pas les nôtres, nous avons recours encore à d'autres ruses. Assis au coin de son feu et lisant dans un journal le récit d'une ascension de l'Himalaya, ce bourgeois paisible s'écrie avec fierté : « Voilà ce que peut faire un homme ! » Il lui semble être monté à l'Himalaya lui-même. En s'identifiant à son sexe, à son pays, à sa classe, à l'humanité entière, un homme peut agrandir son jardin ; mais il ne l'agrandit qu'en paroles ; cette identification n'est qu'une prétention vide.

Est mien seulement ce en quoi je reconnais mon être, et je ne peux le reconnaître que là où il est engagé ; pour qu'un objet m'appartienne, il faut qu'il ait été fondé par moi : il n'est totalement mien que si je l'ai fondé dans sa totalité. La seule réalité qui m'appartienne entièrement, c'est donc mon acte : déjà une œuvre façonnée dans des matériaux qui ne sont pas miens m'échappe par certains côtés. Ce qui est mien, c'est d'abord l'accomplissement de mon projet : une victoire est mienne si j'ai combattu pour elle ; si le conquérant fatigué peut se réjouir des victoires de son fils, c'est qu'il a voulu un fils précisément pour prolonger son œuvre : c'est bien son projet dont il salue encore l'accomplissement. C'est parce que ma subjectivité n'est pas inertie, repliement sur soi, séparation, mais au contraire mouvement vers l'autre, que la différence entre l'autre et moi s'abolit et que je peux appeler l'autre mien ; le lien qui m'unit à l'autre, moi seul peux le créer ; je le crée du fait que je ne suis pas une chose mais un projet de moi vers l'autre, une transcendance. Et c'est ce pouvoir que méconnaît l'Étranger : aucune possession n'est donnée ; mais l'indifférence étrangère du monde n'est pas donnée non plus : je ne suis pas d'abord chose, mais spontanéité qui désire, qui aime, qui veut, qui agit. «Ce petit garçon n'*est* pas mon frère.» Mais si je pleure sur lui, il ne m'est plus un étranger. Ce sont mes larmes qui décident. Rien n'est décidé avant moi. Quand les disciples ont demandé au Christ : qui est mon prochain? le Christ n'a pas répondu par une énumération. Il a raconté la parabole du bon Samaritain. Celui-là fut le prochain de l'homme abandonné sur la route qui le couvrit de son manteau et vint à son secours : on n'*est* le prochain de personne, on *fait* d'autrui un prochain en se faisant son prochain par un acte.

Ce qui est mien, c'est donc d'abord ce que je fais. Mais dès que je l'ai fait, voilà que l'objet se sépare de moi, il m'échappe ; cette pensée que j'ai exprimée tout à l'heure, est-ce encore ma pensée ? Pour que ce passé soit mien, il faut qu'à chaque instant je le fasse mien à nouveau en l'emportant vers mon avenir ; même les objets qui au passé ne sont pas miens parce que je ne les ai pas fondés, je peux les faire miens en fondant quelque chose sur eux. Je peux me réjouir d'une victoire à laquelle je n'ai pas participé si je la prends comme point de départ de mes propres conquêtes. La maison que je n'ai pas bâtie devient ma maison si je l'habite, et la terre ma terre si je la travaille. Mes rapports avec les choses ne sont pas donnés, ne sont pas figés : je les crée minute après minute ; certains meurent, certains naissent et d'autres ressuscitent. Sans cesse ils changent. Chaque nouveau dépassement me donne à nouveau la chose dépassée ; et c'est pourquoi les techniques sont des modes d'appropriation du monde : le ciel est à qui sait voler, la mer à qui sait nager et naviguer.

Ainsi notre rapport avec le monde n'est pas décidé d'abord ; c'est nous qui décidons. Mais nous ne décidons pas arbitrairement n'importe quoi. Ce que je dépasse, c'est toujours mon passé et l'objet tel qu'il existe au sein de ce passé ; mon avenir enveloppe ce passé, il ne peut se bâtir sans lui. Les Chinois sont mes frères du moment que je pleure sur leurs malheurs : mais on ne pleure pas à son gré sur les Chinois. Si je ne me suis jamais soucié de Babylone, je ne peux choisir brusquement de m'intéresser aux dernières théories sur l'emplacement de Babylone. Je ne peux ressentir une défaite si je n'étais pas engagé dans le pays vaincu : je ressentirai la défaite à la mesure de mes engagements. Un homme qui a confondu sa destinée avec celle de son pays, son chef par exemple, pourra dire devant le désastre : « *Ma* défaite. » Un homme qui a vécu sur un sol sans rien faire qu'y manger et dormir ne verra dans l'événement qu'un changement d'habitudes. Il peut se faire qu'on prenne soudain conscience à la lumière d'un fait nouveau d'engagements qui avaient été vécus sans être pensés : mais du moins faut-il qu'ils aient existé. En tant que distinctes de moi, les choses ne m'atteignent pas : je ne suis jamais atteint que dans mes propres possibilités.

Nous sommes donc entourés de richesses interdites ; et souvent nous nous irritons de ces limites : nous voudrions que le monde entier devienne nôtre, nous convoitons le bien d'autrui. J'ai connu entre autres une jeune étudiante qui prétendait s'annexer tour à tour le monde du sportif, celui du joueur, de la coquette, de l'aventurier, de l'homme politique ; elle s'essayait dans tous ces domaines, sans comprendre qu'elle restait une étudiante avide d'expérience ; elle croyait « varier sa vie » ; mais l'unité de sa vie en unifiait tous les moments divers. Un intellectuel qui se range aux côtés du prolétariat ne devient pas prolétaire : il est un intellectuel rangé aux côtés du prolétariat. Le tableau que peint Van Gogh est une création neuve et libre ; mais c'est toujours un Van Gogh ; s'il prétendait peindre un Gauguin, il ne ferait qu'une imitation de Gauguin par Van Gogh. Et c'est pourquoi le conseil de Candide est superflu : c'est toujours *mon* jardin que je cultiverai, m'y voilà enfermé jusqu'à la mort puisque ce jardin devient mien du moment que je le cultive.

Il faut seulement pour que ce morceau d'univers m'appartienne que je le cultive vraiment. L'activité de l'homme est souvent paresseuse ; au lieu d'accomplir de vrais actes, il se contente de faux semblants : la mouche du coche prétend que c'est elle qui a mené la voiture en haut de la côte. Se promener en faisant des discours, en prenant des photographies, ce n'est pas participer à une guerre, à une expédition. Il y a même des conduites qui contredisent les fins qu'elles

prétendent viser : en établissant des institutions
qui permettent une espèce d'équilibre au sein de
la misère, la dame charitable tend à perpétuer
la misère qu'elle veut soulager. Pour savoir ce
qui est mien il faut savoir ce que je fais vraiment.

Nous voyons donc qu'on ne peut assigner
aucune dimension au jardin où Candide veut
m'enfermer. Il n'est pas dessiné d'avance ; c'est
moi qui en choisis l'emplacement et les limites.

Et puisque, de toute manière, ces limites sont
dérisoires au prix de l'infini qui m'entoure, la
sagesse ne serait-elle pas de les réduire le plus
possible ? Plus il sera exigu, moins il offrira de
prise au destin. Que l'homme renonce donc à
tous projets ; qu'il imite cet écolier judicieux
qui pleurait pour ne pas dire A. Qu'il se fasse
semblable au dieu Indra qui, après avoir épuisé
sa force dans sa victoire contre un redoutable
démon, se réduisit aux dimensions d'un atome
et choisit de vivre hors du monde, sous les eaux
silencieuses et indifférentes, au cœur d'une
tige de lotus.

L'instant

Si je ne suis plus qu'un corps, tout juste une
place au soleil et l'instant qui mesure mon

souffle, alors me voilà délivré de tous les soucis, des craintes, comme des regrets. Rien ne
m'émeut, rien ne m'importe. Je ne m'attache-
rai qu'à cette minute que ma vie remplit : elle
seule est une proie tangible, une présence. Il
n'existe que l'impression du moment. Il y a des
moments vides qui ne sont qu'une sorte de
tissu conjonctif entre les moments pleins : nous
les laisserons couler avec patience ; et dans les
instants de plénitude nous nous trouverons ras-
sasiés, comblés. C'est la morale d'Aristippe, celle
du « Carpe diem » d'Horace, et des *Nourritures
terrestres* de Gide. Détournons-nous du monde
des entreprises et des conquêtes ; ne formons
plus aucun projet ; demeurons chez nous, en
repos au cœur de notre jouissance.

Mais la jouissance est-elle repos ? est-ce en
nous que nous la rencontrons, et peut-elle
jamais nous combler ?

« Assez, pas davantage, ce n'est plus aussi
suave que tout à l'heure », dit le duc de Man-
toue aux musiciens au début de *La Nuit des
rois*. La plus suave mélodie, indéfiniment répé-
tée, devient une ritournelle agaçante ; ce goût
d'abord délicieux m'écœure bientôt ; une jouissance immuable, qui demeure trop longtemps
égale à elle-même, n'est plus ressentie comme
une plénitude : elle finit par se confondre avec
une parfaite absence. C'est que la jouissance
est présence d'un objet auquel je me sens pré-

sent : elle est présence de l'objet et de moi-même au sein de leur différence ; mais dès que l'objet m'est livré, la différence s'abolit ; il n'y a plus d'objet mais de nouveau une seule existence vide qui n'est que fadeur et ennui. Dès que je supprime cette distance qui, me séparant de l'objet, me permet de me jeter vers lui, d'être mouvement et transcendance, cette union figée de l'objet avec moi n'existe plus qu'à la manière d'une chose. Le Stoïcien peut à bon droit ranger le plaisir comme la douleur parmi ces réalités qui me sont étrangères et indifférentes, puisqu'il les définit comme un simple état que je laisserais passivement se perpétuer en moi.

Mais, en vérité, la jouissance n'est pas un donné figé dans l'étroite gangue de l'instant. Chaque plaisir, nous dit Gide, enveloppe le monde entier, l'instant implique l'éternité, Dieu est présent dans la sensation. La jouissance n'est pas une séparation d'avec le monde ; elle suppose mon existence dans le monde. Et d'abord, elle suppose le passé du monde, mon passé. Un plaisir est d'autant plus précieux qu'il est plus neuf, qu'il s'enlève avec plus d'intensité sur le fond uniforme des heures ; mais l'instant limité à lui seul n'est pas neuf, il n'est neuf que dans son rapport au passé ; cette forme qui vient de surgir n'est distincte que si le fond qui la supporte est lui-même distinct comme fond. C'est au bord

de la route ensoleillée que la fraîcheur de
l'ombre est précieuse ; la halte est une détente
après l'exercice fatigant ; du sommet de la colline, je regarde le chemin parcouru et c'est lui
tout entier qui est présent dans la joie de ma
réussite, c'est la marche qui donne un prix à
ce repos, et ma soif à ce verre d'eau ; dans le
moment de la jouissance se rassemble tout un
passé. Et je ne le contemple pas seulement :
jouir d'un bien, c'est en user, c'est se jeter avec
lui vers l'avenir. Jouir du soleil, de l'ombre, c'est
en éprouver la présence comme un lent enri-
chissement ; dans mon corps détendu je sens
mes forces renaître : je me repose pour repar-
tir ; en même temps que le chemin parcouru,
je regarde ces vallées vers lesquelles je vais descendre, je regarde mon avenir. Toute jouissance
est projet. Elle dépasse le passé vers l'avenir,
vers le monde qui est l'image figée de l'avenir. Boire un chocolat à la cannelle, dit Gide
dans *Incidences*, c'est boire l'Espagne ; tout par-
fum, tout paysage qui nous charme, nous jette
par-delà lui-même hors de nous-même. Réduit
à soi, ce ne serait qu'une existence inerte et
étrangère ; dès qu'elle retombe sur elle-même,
la jouissance redevient ennui. Il n'y a jouissance
que lorsque je sors de moi-même et qu'à travers
l'objet dont je jouis j'engage mon être dans le
monde. Les psychasthéniques que nous décrit
Janet n'éprouvent devant les plus beaux spec-

tacles qu'un sentiment d'indifférence parce
qu'en eux aucune action ne s'ébauche, que les
fleurs ne sont plus faites pour être cueillies et
respirées, ni les sentiers pour être parcourus :
les fleurs semblent en métal peint ; les paysages
ne sont plus que des décors ; il n'y a plus d'avenir, plus de dépassement, plus de jouissance ; le
monde a perdu toute son épaisseur.

Si l'homme veut se reposer en soi et s'arracher au monde, il faut donc qu'il renonce
même à la jouissance. Les Épicuriens le savaient
bien, eux qui dédaignaient le plaisir en mouvement pour ne prêcher que le plaisir en repos, la
pure ataraxie ; et mieux encore les Stoïciens qui
réclamaient du sage qu'il renonçât même à son
corps. Rien n'est mien, pensaient-ils, que ma
pure intériorité ; je n'ai plus de dehors ; je ne
suis qu'une présence nue, que même la douleur
ne saurait toucher, un impalpable jaillissement,
ramassé dans l'instant, et qui sait seulement
qu'il existe. Alors il n'y a plus ni bien ni mal en
face de moi, ni inquiétude en moi. Je suis, et
rien ne m'est plus rien.

Ainsi l'enfant qui boude se retire dans un
coin et dit : « Tout m'est égal » ; mais bientôt
il regarde autour de lui, il s'agite, il s'ennuie.
Lorsque la vie se rétracte sur elle-même, elle
n'est pas l'ataraxie paisible, mais l'inquiétude
de l'indifférence qui se fuit elle-même, qui s'arrache à soi, qui appelle l'autre. « Tout le mal-

heur des hommes vient d'une seule chose qui est de ne pas savoir demeurer en repos dans une chambre», dit Pascal. Mais quoi? s'il ne peut pas y demeurer? S'il écartait tous les divertissements, l'homme se trouverait alors au cœur de ce que Valéry appelle «le pur ennui de vivre», et cette pureté selon un autre mot de Valéry «arrête instantanément le cœur».

Mais convient-il alors de parler de «divertissements»? et de dire avec Valéry que c'est le «réel à l'état pur» qui se découvrirait au cœur de l'ennui? Hegel a fortement montré que le réel ne doit jamais être conçu comme une intériorité cachée au fond de l'apparence; l'apparence ne cache rien, elle exprime; l'intériorité n'est pas différente de l'extériorité; l'apparence est elle-même la réalité. Si l'homme n'était qu'un atome de présence immobile, comment naîtrait en lui l'illusion que le monde est sien et l'apparence des désirs et des soucis? S'il est conscience de désirer, de craindre, l'homme désire et craint. Si l'être de Pyrrhus était un être «en repos», il ne pourrait pas même songer à partir; mais il y songe : dès qu'il y songe, il est déjà parti. «L'homme est un être des lointains», dit Heidegger; il est toujours *ailleurs*. Il n'existe aucun point privilégié du monde dont il puisse dire : «c'est moi» avec sécurité; il est constitutivement orienté vers autre chose que lui-même : il n'est soi que par relation avec autre chose que soi. «Un homme est toujours infiniment plus qu'il ne serait si on le réduisait à ce qu'il est dans l'instant», dit Heidegger. Toute pensée, tout regard, toute tendance est transcendance. C'est ce que nous avons vu en considérant la jouissance : elle enveloppe le passé, l'avenir, le monde entier. L'homme couché à l'ombre au sommet de la colline n'est pas seulement là, sur ce morceau de terre qu'épouse son corps : il est présent à ces collines qu'il aperçoit ; il est aussi dans les villes lointaines, comme un absent, il se réjouit de cette absence ; même s'il ferme les yeux, s'il essaie de ne rien penser, il se sent soi par contraste avec ce fond de chaleur immobile et inconsciente dans lequel il baigne ; il ne saurait surgir au monde dans la pure ipséité de son être sans que le monde surgisse en face de lui.

C'est parce que l'homme est transcendance qu'il lui est si difficile d'imaginer jamais aucun paradis. Le paradis, c'est le repos, c'est la transcendance abolie, un état de choses qui se donne et qui n'a pas à être dépassé. Mais alors, qu'y ferons-nous ? Il faudrait pour que l'air y soit respirable qu'il laisse place à des actions, à des désirs, que nous ayons à le dépasser à son tour : qu'il ne soit pas un paradis. La beauté de la terre promise, c'est qu'elle promettait de nouvelles promesses. Les paradis immobiles ne nous promettent qu'un éternel ennui. Pyrrhus

ne parle de se reposer que parce qu'il manque
d'imagination ; rentré chez lui, il chassera, il légi-
férera, il repartira en guerre ; s'il essaie de res-
ter vraiment en repos, il ne fera que bâiller. La
littérature a souvent décrit la déception de
l'homme qui vient d'atteindre le but ardemment souhaité : et après ? On ne peut combler
un homme, il n'est pas un vaisseau qui se laisse
remplir avec docilité ; sa condition, c'est de
dépasser tout donné ; aussitôt atteinte, sa plénitude tombe dans le passé, laissant béant ce
« creux toujours futur » dont parle Valéry. Ainsi
ces amants passionnés que nous décrivent Mar-
cel Arland ou Jacques Chardonne : ils souhaitent s'installer pour toujours au cœur de leur
amour ; et bientôt, enfermés dans leur retraite
solitaire, sans avoir cessé de s'aimer, ils s'en-
nuient avec désespoir. « Le bonheur, ce n'est
donc que cela ! » dit l'héroïne des *Terres étrangères*. C'est que, réduit à sa présence immédiate,
tout objet, tout instant est trop peu pour un
homme : il est lui-même trop peu pour soi puisqu'il est toujours infiniment plus qu'il ne serait
s'il était seulement cela. Vivre un amour, c'est se
jeter à travers lui vers des buts neufs : un foyer,
un travail, un avenir commun. Puisque l'homme
est projet, son bonheur comme ses plaisirs ne
peuvent être que projets. L'homme qui a gagné
une fortune songe aussitôt à en gagner une
autre ; Pascal l'a dit justement, ce n'est pas le

lièvre qui intéresse le chasseur, c'est la chasse. On a tort de reprocher à un homme de lutter pour un paradis dans lequel il ne souhaiterait pas de vivre : le but n'est but qu'au fond du chemin ; dès qu'il est atteint, il devient un nouveau départ ; le socialiste souhaite l'avènement de l'État socialiste ; mais si cet État lui était d'abord donné, c'est autre chose qu'il souhaiterait : du sein de cet État, il inventerait d'autres buts. Un but, c'est toujours le sens et l'aboutissement d'un effort ; séparé de cet effort, aucune réalité n'est but, mais seulement un donné fait pour être dépassé. Cela ne signifie pas comme on le dit parfois que seule compte la lutte, que l'enjeu est indifférent ; car la lutte est lutte pour un enjeu ; si on le lui enlève, elle perd tout sens et toute vérité, elle n'est plus une lutte mais un piétinement stupide.

L'esprit de sérieux prétend séparer la fin du projet qui la définit et lui reconnaître une valeur en soi : il croit que les valeurs sont dans le monde, avant l'homme, sans lui ; l'homme n'aurait qu'à les cueillir. Mais déjà Spinoza, et Hegel, plus définitivement, ont dissipé cette illusion de la fausse objectivité. Il y a une fausse subjectivité qui, d'un mouvement symétrique, prétend séparer le projet de la fin et le réduire à un simple jeu, à un divertissement ; elle nie qu'il existe aucune valeur dans le monde ; c'est qu'elle nie la transcendance de l'homme et prétend le réduire à sa seule immanence. L'homme qui désire, qui entreprend avec lucidité, est sincère dans ses désirs : il veut une fin, il la veut à l'exclusion de toute autre ; mais il ne la veut pas pour s'y arrêter, pour en jouir : il la veut pour qu'elle soit dépassée. La notion de fin est ambiguë puisque toute fin est en même temps un point de départ ; mais cela n'empêche qu'elle puisse être visée comme fin : c'est en ce pouvoir que réside la liberté de l'homme.

C'est cette ambiguïté qui semble autoriser l'ironie de l'humoriste. Pyrrhus n'est-il pas absurde de partir pour rentrer chez lui ? le joueur de paume de lancer une balle pour qu'on la lui renvoie ? le skieur de monter une pente pour la redescendre aussitôt ? Non seulement le but se dérobe, mais les buts successifs se contredisent et l'entreprise ne s'achève qu'en se détruisant.

Mais l'humoriste use ici d'un sophisme. Il décompose toute activité humaine en actes élémentaires dont la juxtaposition apparaît comme contradictoire ; s'il achevait la décomposition jusqu'à retrouver l'instant pur, alors toute contradiction disparaîtrait, il ne resterait qu'une incohérence informe, une pure contingence qui ne scandaliserait ni n'étonnerait. Mais il triche ; il maintient au cœur de l'ensemble dont il refuse le sens global l'existence de sens partiels qui s'opposent les uns aux autres. On dit que le skieur ne monte que pour descendre : c'est donc admettre qu'il monte, qu'il descend, que ses mouvements ne s'additionnent pas au hasard mais visent le sommet de la colline ou le fond de la vallée ; on accorde donc l'existence de significations synthétiques vers lesquelles tout élément se transcende ; mais alors c'est une pure décision arbitraire que de refuser l'idée d'un ensemble plus vaste où la montée et la descente se dépassent vers une promenade, un exercice ; ce n'est pas à l'humoriste de décider : c'est au skieur. Pyrrhus serait absurde s'il partait pour rentrer ; mais c'est l'humoriste qui introduit ici cette finalité ; il n'a pas le droit de prolonger le projet de Pyrrhus plus loin que celui-ci ne l'a arrêté ; Pyrrhus ne part pas pour rentrer, il part pour conquérir ; cette entreprise n'est pas contradictoire. Un projet est exactement ce qu'il décide d'être, il a le sens qu'il se donne : on ne peut le définir du dehors. Il n'est pas contradictoire, il est possible et cohérent dès qu'il existe, et il existe dès qu'un homme le fait exister.

Ainsi la sagesse ne consiste pas pour l'homme à se rétracter sur lui-même. Le sage même qui conseille à ses disciples l'immobilité du repos, en donnant ce conseil le dément : il devrait se taire ; il ne devrait pas se chercher de disciple. Épicure prêche l'ataraxie : mais il prêche ; et il prêche qu'il faut prêcher, il prêche l'amitié. Le Stoïcien non plus ne reste pas guindé dans une liberté indifférente reposant inutilement sur elle-même : il enseigne à tous les hommes le pouvoir de leur liberté. Et même lorsque le sage évite de clamer à haute voix le prix du silence, il ne réussit jamais à se maintenir au cœur de lui-même et à maintenir le monde autour de lui dans une indifférence égale : il lui est indifférent de manger ou de jeûner, de gouverner un empire ou de vivre dans un tonneau, mais il faut bien qu'il choisisse : il mange ou jeûne, il règne ou abdique. C'est là le caractère décevant de toute conversion : je juge vain le mouvement de ma transcendance, mais je ne saurais l'empêcher. Le temps continue à couler ; les instants me poussent en avant. Me voilà sage : et que ferai-je maintenant ? Je vis, même si je juge que la vie est absurde, comme Achille, malgré Zénon, rattrape toujours la tortue.

Chaque homme décide de la place qu'il occupe dans le monde ; mais il faut qu'il en occupe une, il ne peut jamais s'en retirer. Le sage est un homme parmi les hommes et sa sagesse même est projet de lui-même.

L'infini

Pourquoi donc Candide choisirait-il d'assigner à son jardin aucune limite ? Si l'homme est

toujours ailleurs, que n'est-il partout? Dilaté
jusqu'aux confins du monde, il connaîtrait ce
repos qu'il cherchait en se contractant sur lui-
même. Si je suis partout, où irai-je? Le mouvement s'abolit ici aussi sûrement que si je n'étais
nulle part. «Ce petit garçon n'était pas ton
frère», disaient les parents à leur fils trop sensible; ils ont ajouté: «Tu ne vas pas pleurer
toute ta vie. Chaque jour il y a des milliers d'enfants qui meurent à travers la terre.» Pas toute
notre vie: donc pourquoi cinq minutes? Pas sur
tous les enfants: pourquoi sur celui-ci? Si tous
les hommes sont mes frères, aucun homme en
particulier n'est plus mon frère. Multiplier à
l'infini les liens qui mé rattachent au monde,
c'est une manière de renier ceux qui m'unis-
saient à cette minute singulière, à ce coin singulier de la terre; je n'ai plus ni patrie, ni ami, ni
parents; toutes les formes s'effacent, elles se
résorbent dans le fond universel dont la présence ne se distingue pas de l'absence absolue.
Ici non plus, il n'y a plus ni désir, ni crainte, ni
malheur, ni joie. Rien n'est mien. L'éternité
rejoint l'instant, c'est la même facticité nue, la
même intériorité vide. Ce n'est pas sans doute
un hasard si le psychasthénique qui se refuse au
monde et qui renie sa transcendance est si souvent hanté par l'idée de l'infinité impersonnelle
de ce monde: une aiguille, un ticket de métro
le fait rêver sur toutes les aiguilles, sur tous les

tickets de métro de la terre ; et ébloui par cette
vertigineuse multiplicité, il reste immobile, sans
se servir de son aiguille ni de son ticket.

On voit dans le Stoïcisme comment ces deux
chemins se rejoignent ; si le sage se réduit à un
pur jaillissement d'être retombant sur soi-même,
il se confond du même coup avec l'harmonie universelle. Le destin ne peut avoir aucune
prise sur moi puisqu'il n'y a plus rien qui soit
hors de moi. Mon propre moi s'abolit au sein
de l'universel : étendue jusqu'à l'infini, voilà
que ma place dans le monde s'est effacée tout
comme si j'avais réussi à la contenir en un point
sans dimension.

Seulement cet effort pour m'identifier à l'universel reçoit aussitôt un démenti. Il m'est impossible d'affirmer que c'est l'universel qui est
puisque c'est moi qui affirme : en affirmant je
me fais être ; c'est moi qui suis. Comme je me
distingue de ma pure présence en tendant vers
autre chose que moi, je me distingue aussi de
cet autre vers lequel je tends, par le fait même
que je tends vers lui. Ma présence est. Elle
rompt l'unité et la continuité de cette masse
d'indifférence dans laquelle je prétendais la
résorber. L'existence de Spinoza dément avec
éclat la vérité du spinozisme. En vain Hegel
déclare-t-il que l'individualité n'est qu'un moment du devenir universel ; si en tant que non
dépassé ce moment n'avait aucune réalité, il ne

devrait pas même exister en apparence, il ne devrait pas même être nommé ; s'il en est question, la question lui donne une vérité qui s'affirme contre tout dépassement. Quelle que soit la vérité du soleil et de l'homme au sein du tout, l'apparence du soleil pour l'homme existe d'une manière irréductible. L'homme ne peut échapper à sa propre présence ni à celle du monde singulier que sa présence révèle autour de lui : son effort même pour s'arracher à la terre ne fait qu'y creuser sa place. Le spinozisme définit Spinoza, et le hégélianisme Hegel. Flaubert croit rejoindre l'universel quand il écrit en substance : « Pourquoi m'intéresser au prolétariat d'aujourd'hui plutôt qu'aux esclaves antiques ? » ; mais il ne s'évade pas par là de son époque ni de sa classe ; il se constitue au contraire comme un bourgeois du XIXe à qui sa fortune, ses loisirs, sa vanité masquent sa solidarité avec son temps.

L'homme ne peut ni réduire indéfiniment son être, ni le dilater à l'infini ; il ne peut trouver de repos ; et cependant qu'est-ce que ce mouvement qui ne le conduit nulle part ? on retrouve dans l'ordre de l'action la même antinomie que dans l'ordre de la spéculation : tout arrêt est impossible puisque la transcendance est un perpétuel dépassement ; mais un projet indéfini est absurde puisqu'il n'aboutit à rien. L'homme rêve ici d'un idéal symétrique du Dieu inconditionné qu'appelle la pensée spé-

culative, il réclame une fin inconditionnée de
ses actes, telle qu'elle ne puisse être dépassée,
un terme à la fois infini et achevé dans lequel sa
transcendance se ressaisirait sans se limiter. Il
ne saurait s'identifier avec l'infini. Mais du sein
de sa situation singulière ne peut-il se destiner
à lui ?

Dieu

« Dieu le veut. » Cette devise mettait les Croisés
à l'abri des questions de Cinéas. Les conquêtes
des guerriers chrétiens n'étaient pas comme
celles de Pyrrhus une course vaine, si elles étaient
voulues par Dieu. On ne dépasse pas la volonté
de Dieu ; en lui l'homme rencontre une fin
absolue de ses efforts, puisqu'il n'y a rien hors
de lui. La nécessité de l'être divin rejaillit sur ces
actes qui viennent aboutir à lui et les sauve pour
l'éternité. Mais qu'est-ce que Dieu veut ?
Si Dieu est l'infinité et la plénitude de l'être,
il n'y a pas en lui de distance entre son projet
et sa réalité. Ce qu'il veut est ; il veut ce qui est.
Sa volonté n'est que le fondement immobile de
l'être ; à peine peut-on encore l'appeler volonté.
Un tel Dieu n'est pas une personne singulière :
il est l'universel, le tout immuable et éternel. Et

l'universel est silence. Il ne réclame rien, il ne promet rien, il n'exige aucun sacrifice, il ne dispense ni châtiment ni récompense, il ne peut rien justifier, ni rien condamner, on ne saurait fonder sur lui ni optimisme, ni désespoir : il est, on ne peut rien en dire de plus. La perfection de son être ne laisse aucune place à l'homme. Se transcender en un objet, c'est le fonder ; mais comment fonder ce qui *est* déjà ? l'homme ne saurait se transcender en Dieu si Dieu est tout entier donné. L'homme n'est alors qu'un accident indifférent à la surface de l'être ; il est sur terre comme l'explorateur perdu dans un désert ; il peut aller à droite, à gauche, il peut aller où il voudra : il n'ira jamais nulle part et le sable recouvrira ses traces. S'il souhaite donner un sens à ses conduites, ce n'est pas à ce Dieu impersonnel, indifférent et achevé qu'il devra s'adresser ; sa devise ce sera celle que propose le fronton de l'abbaye de Thélème : « Fais ce que voudras. » Si Dieu veut tout ce qui est, l'homme n'a qu'à agir n'importe comment. « Quand on est dans la main de Dieu on n'a pas de souci sur ce qu'on a à faire, on n'a pas de remords de ce que l'on a fait », disait au XIIᵉ siècle la secte hérétique des amalriciens. Et ils dissipaient leurs vies en joyeuses orgies.

L'Église a fait brûler en grand apparat les amalriciens. Il existe cependant un naturalisme catholique qui étend sur toute la terre la bénédiction de Dieu ; nous en trouvons l'écho par exemple chez un Claudel ; tout vient de Dieu, donc tout est bon ; l'homme n'a pas à se détourner de la terre et même il a beaucoup de peine à pervertir en lui cette destination première, car il est créature de Dieu ; il est difficile de faire le mal puisque ce qui est, c'est le bien. Mais un chrétien orthodoxe évite d'aller au bout d'une telle pensée. « Hé ! Chère Madame », dit en se mettant à table le curé mondain et gourmand, « Dieu aurait-il inventé toutes ces bonnes choses s'il n'avait pas voulu que nous les mangions ? ». Mais il oublie soigneusement que Dieu a inventé aussi la femme. Il y avait une vieille dame qui refusait avec scandale de mettre du beurre dans son œuf à la coque. « Je le mange comme le bon Dieu l'a fait », disait-elle. Et elle tendait la main vers la salière.

« C'est avec son œuvre tout entière que nous prierons Dieu ! rien de ce qu'il fait n'est vain, rien qui soit étranger à notre salut ! » écrit Claudel. Si l'œuvre de Dieu est tout entière bonne, c'est qu'elle est tout entière utile au salut de l'homme ; elle n'est donc pas en soi une fin, mais un moyen qui tire sa justification de l'usage que nous en faisons. Mais alors comment savoir si le melon a vraiment été inventé pour être mangé en famille ? Peut-être a-t-il été inventé pour ne pas être mangé ; peut-être les biens de ce monde ne sont-ils bons que parce

que l'homme peut les refuser ; ainsi saint Fran-
çois d'Assise souriait au monde et n'en jouis-
sait pas. « Pour toutes choses, vous n'avez que
louanges », dit l'Archéologue au vice-roi de
Naples, dans le *Soulier de satin* de Claudel.
« Mais cela me fâche de voir que vous n'usez
d'aucune. » Cependant, ces richesses dont il
n'use pas, le vice-roi les donne, et donner une
chose, c'est une manière d'en user ; l'ascèse est
une forme de la jouissance ; quoi qu'il fasse,
l'homme se sert des biens terrestres puisque
c'est à travers eux qu'il accomplit son rachat
ou sa perte. Il faut donc qu'il décide comment
s'en servir. Sa décision n'est pas inscrite dans
l'objet car tout usage est dépassement et le
dépassement n'est donné nulle part ; il n'est
pas, il a à être. Qu'a-t-il à être ?

Il a à être conforme à la volonté de Dieu, dit
le chrétien.

On renonce alors à tout naturalisme ; rien
n'est bon que la vertu, le mal c'est le péché ; et la
vertu, c'est la soumission aux exigences divines.
Il y a donc en Dieu des exigences ; il attend que
l'homme se destine à lui ; il a créé l'homme
pour qu'il existe un être qui ne soit pas un
donné mais qui accomplisse son être selon le
désir de son créateur. La volonté de Dieu apparaît alors comme un appel à la liberté de
l'homme ; elle réclame quelque chose qui a à
être, qui n'est pas encore : elle est donc projet,

elle est la transcendance d'un être qui a à être, qui n'est pas. Alors un rapport entre Dieu et l'homme est concevable ; en tant que Dieu n'est pas tout ce qu'il a à être, l'homme peut le fonder ; il retrouve sa place dans le monde, il est en situation par rapport à Dieu : et voici que Dieu apparaît alors en situation par rapport à l'homme. C'est ce qu'exprime le mystique allemand Angelus Silésius quand il écrit : « Dieu a besoin de moi comme j'ai besoin de lui. » Le chrétien se trouve alors devant un Dieu personnel et vivant *pour* qui il peut agir ; mais, en ce cas, Dieu n'est plus l'absolu, l'universel ; il est ce faux infini dont parle Hegel qui laisse subsister le fini en face de soi comme séparé de lui. Il est pour l'homme un prochain.

Ce Dieu défini, singulier, pourrait satisfaire aux aspirations de la transcendance humaine ; ce serait en effet un être concret, achevé et fermé sur soi, puisqu'il existerait, et en même temps indéfiniment ouvert, puisque son existence serait une transcendance sans fin ; il ne saurait être dépassé, puisqu'il serait lui-même un perpétuel dépassement ; l'homme ne pourrait qu'accompagner sa transcendance sans jamais la transcender. Quand j'aurai accompli la volonté de Dieu, une nouvelle volonté me happera ; il n'y aura jamais aucun « après ? ».

Seulement la volonté de ce Dieu n'est plus inscrite dans les choses, puisqu'elle n'est plus

volonté de ce qui est, mais de ce qui a à être.
Elle n'est plus volonté de tout, et il faut que
l'homme en découvre la figure singulière. Vouloir la volonté de Dieu : cette décision toute
formelle ne suffit pas à dicter à l'homme aucun
acte. Dieu veut-il que le croyant massacre les infi-
dèles, qu'il brûle les hérétiques, ou qu'il tolère
leur foi ? qu'il parte en guerre ou qu'il signe la
paix ? Veut-il le capitalisme ou le socialisme ?
Quelle est la face temporelle et humaine de la
volonté éternelle ? L'homme prétend se transcender en Dieu ; mais il ne se transcende jamais
qu'au sein de l'immanence ; c'est sur terre qu'il
doit accomplir son rachat. Parmi les entreprises
terrestres, laquelle l'élèvera jusqu'au ciel ?

« Écoutons la voix de Dieu », dit le croyant. « Il
nous dira lui-même ce qu'il attend de nous. »
Mais un tel espoir est naïf. C'est seulement à travers une voix terrestre que Dieu pourra se manifester car nos oreilles n'en entendent aucune
autre ; mais comment alors reconnaître son
caractère divin ? On demandait à une halluci-
née qui était cet interlocuteur qui lui parlait par
des ondes mystérieuses. « Il dit qu'il est Dieu »,
répondit-elle avec prudence, « mais moi je ne le
connais pas. » Moïse aurait pu opposer la même
défiance à la voix qui sortait du buisson ardent
ou qui grondait en haut du Sinaï. Que la voix
jaillisse d'une nuée, d'une Église, de la bouche
d'un confesseur, c'est toujours à travers une

présence immanente au monde que le transcendant devra se manifester : sa transcendance
nous échappera toujours. Même en mon cœur,
cet ordre que j'entends est ambigu ; c'est là la
source de l'angoisse d'Abraham que Kierkegaard décrit dans *Crainte et Tremblement* ; qui sait
s'il ne s'agit pas d'une tentation du démon, ou
de mon orgueil ? Est-ce bien Dieu qui parle ? Qui
distinguera le saint de l'hérétique ? C'est aussi
cette incertitude que nous décrit Kafka dans *Le
Château* ; l'homme peut recevoir des messages
et même voir le messager. Mais celui-ci n'est-il
par un imposteur ? Et sait-il lui-même qui l'envoie ? N'a-t-il pas oublié la moitié du message en
chemin ? Cette lettre qu'il me remet est-elle
authentique, et quel en est le sens ? Le Messie
dit qu'il est le Messie ; le faux messie le dit aussi :
qui les distinguera l'un de l'autre ?

On ne pourra les reconnaître que par leurs
œuvres. Mais comment déciderons-nous que
ces œuvres sont bonnes ou mauvaises ? Nous
déciderons au nom d'un bien humain. Ainsi
procède toute morale qui prétend se justifier
par la transcendance divine : elle pose un bien
humain, et affirme qu'il est voulu par Dieu puisqu'il est le bien. Claudel affirme qu'il faut préférer l'ordre au désordre parce que l'ordre est,
tandis que le désordre est la négation de l'être :
c'est parce que l'ordre est en soi supérieur au
désordre que nous le proclamons conforme aux

desseins de Dieu. Mais Claudel oublie que,
comme l'ont montré Spinoza et Bergson, c'est
seulement un point de vue d'homme qui fait
apparaître l'ordre en tant qu'ordre ; l'ordre de
Claudel est-il celui de Dieu ? Il y a un ordre
bourgeois, un ordre socialiste, un ordre démo-
cratique, un ordre fasciste ; et chacun est
désordre aux yeux de son adversaire. Toute
société prétend toujours avoir Dieu avec elle :
elle le recrée à son image ; c'est elle qui parle, et
non pas Dieu. Mais si je me retourne vers moi
pour m'interroger, je n'entends que la voix de
mon propre cœur. L'Église catholique et l'in-
dividualiste protestant peuvent à bon droit se
reprocher l'un à l'autre de prendre pour une
inspiration divine l'écho de leurs convictions
personnelles. Pas plus hors de moi qu'en moi-
même ce n'est Dieu lui-même que je rencontre-
rai ; jamais je n'apercevrai tracé sur la terre
aucun signe céleste : s'il est tracé, il est terrestre.
L'homme ne peut s'éclairer par Dieu ; c'est par
l'homme qu'on essaiera d'éclairer Dieu. C'est à
travers des hommes que l'appel de Dieu se fera
toujours entendre, et c'est par des entreprises
humaines que l'homme répondra à cet appel.
Dieu s'il existait serait donc impuissant à guider la transcendance humaine. L'homme n'est
jamais en situation que devant des hommes et
cette présence ou cette absence au fond du ciel
ne le concerne pas.

L'humanité

Il faut donc se tourner vers les hommes. Ne pourrons-nous pas trouver dans l'humanité elle-même cette fin absolue que nous cherchions d'abord au ciel? Sans doute, si nous la regardons comme fermée sur soi, comme devant atteindre un jour un état d'équilibre immuable ou s'anéantir dans la mort, nous pourrons la transcender vers le néant et nous demander avec angoisse : et après? Si nous imaginons avec Laforgue le globe terrestre roulant glacé dans un éther silencieux, à quoi bon nous préoccuper de cette faune passagère qui l'habite? Mais ce sont là des visions de poète, de savant ou de prêtre. Rien ne nous permet d'affirmer que l'humanité s'éteindra jamais; nous savons que chaque homme est mortel, mais non que l'humanité doit mourir. Et si elle ne meurt pas, elle ne s'arrêtera jamais en aucun palier, elle ne cessera d'être un perpétuel dépassement d'elle-même. Cependant, si nous n'envisageons que le caractère indéfini de cette course où une génération ne succède à une autre que pour disparaître à son tour, il nous semblera bien vain d'y prendre part; notre transcen-

dance se dissiperait dans la fuite insaisissable
du temps. Mais l'humanité n'est pas seulement
cette dispersion sans fin : elle est faite d'hommes
de chair et d'os ; elle a une histoire singulière,
une figure définie. Pour que nous puissions
nous transcender vers elle avec sécurité, il faut
qu'elle se présente à nous sous ces deux aspects
à la fois : comme ouverte et comme fermée ; il
faut qu'elle soit séparée de son être afin qu'elle
ait à le réaliser à travers nous, et que cependant
elle soit. C'est ainsi qu'elle apparaît à ceux qui
nous proposent le culte de l'Humanité. Elle
n'est jamais achevée, elle se projette sans cesse
vers l'avenir, elle est un perpétuel dépassement
d'elle-même ; sans cesse émane d'elle un appel
auquel il faut répondre, sans cesse se creuse
en elle un vide qu'il faut combler : à travers
chaque homme, l'Humanité cherche indéfiniment à rejoindre son être, et c'est en cela que
consiste son être même ; notre transcendance
ne pourra jamais la dépasser mais seulement
l'accompagner ; et cependant elle sera tout
entière ressaisie en chaque instant puisque en
chaque instant l'Humanité est.

Mais *est*-elle vraiment ? Peut-on parler d'*une*
humanité ? Sans doute, il est toujours possible
de donner un nom collectif à l'ensemble des
hommes, mais ce sera en les considérant du
dehors, comme des objets unifiés par l'espace
qu'ils remplissent ; cette collectivité ne sera

qu'un troupeau d'animaux intelligents ; nous n'avons rien à faire avec ce donné figé dans la plénitude de son être. Pour que nous puissions agir *pour* l'humanité il faut qu'elle réclame quelque chose de nous ; il faut qu'elle possède une unité en tant que totalité qui cherche à se réaliser, et qu'elle nous appelle d'une seule voix.

C'est dans le mythe de la solidarité que l'humanité prend cette figure. Souvent depuis le fameux apologue des membres et de l'estomac, on a représenté les hommes comme les parties d'un organisme ; en travaillant pour l'un d'eux, on travaillerait pour tous. Il existerait une économie naturelle selon laquelle la place de chacun serait définie par la place de tous les autres. Mais c'est là définir l'homme en termes d'extériorité ; pour occuper dans le monde une place déterminée, il faudrait qu'il fût lui-même déterminé : une pure passivité. Il ne mettrait pas alors en question le but de ses actes : il n'agirait pas. Mais il agit, il s'interroge : il est libre, et sa liberté est intériorité. Comment donc *aurait*-il une place sur terre ? Il *prendra* place en se jetant dans le monde, en se faisant exister au milieu des autres hommes par son propre projet. Souvent le jeune homme s'angoisse : comment s'insérer dans cette plénitude ? Aucune goutte d'eau ne manque à la mer. Avant sa naissance, l'humanité était exactement aussi pleine, elle demeurera aussi pleine s'il meurt ; il ne peut ni la diminuer, ni l'augmenter, pas plus que le point ne peut accroître la longueur d'une ligne ; il ne se sent pas du tout comme un rouage dans une mécanique précise ; il lui semble au contraire qu'aucun coin du monde ne lui a été réservé : il est de trop partout. Et, en effet, sa place n'était pas d'avance marquée en creux comme une absence : il est venu d'abord ; l'absence ne précède pas la présence, c'est l'être qui précède le néant et c'est seulement par la liberté de l'homme que surgissent au cœur de l'être des vides et des manques[1].

Il est vrai qu'à chaque moment les hommes font surgir ce vide autour d'eux ; en transcendant le donné vers une plénitude à venir, ils définissent le présent comme un manque ; ils attendent sans cesse quelque chose de neuf : de nouveaux biens, de nouvelles techniques, des réformes sociales, des hommes nouveaux ; et le jeune homme rencontre autour de lui des appels encore plus précis : on a besoin chaque année d'un certain nombre de fonctionnaires, de médecins, d'ajusteurs, la terre *manque* de bras. Il peut se glisser dans un de ces vides : mais il n'y en a jamais aucun qui soit exactement modelé pour lui. Il peut devenir un de ces hommes nouveaux qu'on attendait : mais

1. Voir *L'Être et le Néant*, de J.-P. Sartre, p. 38 et suivantes.

l'homme nouveau qu'on attendait, ce n'était pas *lui* ; un autre aurait aussi bien fait l'affaire. La place que chacun occupe est toujours une place étrangère ; le pain qu'on mange est toujours le pain d'un autre.

Et d'ailleurs si j'attends des hommes qu'ils me donnent une place, je ne saurai où me poser : ils ne s'accordent pas entre eux. Le pays manque d'hommes : c'est lui qui en décide ; aux yeux du pays voisin, il est surpeuplé. La société a besoin de fonctionnaires pour persévérer dans ses routines ; mais la révolution a besoin de militants qui sapent la société. Un homme ne trouve sa place sur terre qu'en devenant pour les autres hommes un objet donné ; et tout donné est destiné à être transcendé ; on le transcende en l'utilisant ou en le combattant. Je ne suis instrument pour les uns qu'en devenant obstacle pour les autres. Il est impossible de les servir tous.

Les guerres, le chômage, les crises montrent bien qu'il n'existe entre les hommes aucune harmonie préétablie. Les hommes ne dépendent pas d'abord les uns des autres, puisque d'abord ils ne *sont* pas : ils ont à être. Des libertés ne sont ni unies ni opposées : séparées. C'est en se projetant dans le monde qu'un homme se situe en situant les autres hommes autour de soi. Alors des solidarités se créent ; mais un homme ne peut se faire solidaire de tous les autres, car ils

ne choisissent pas tous les mêmes buts puisque
leurs choix sont libres. Si je sers le prolétariat, je
combats le capitalisme ; le soldat ne défend son
pays qu'en tuant ses adversaires. Et la classe, le
pays ne se définissent comme unité que par
l'unité de leur opposition à l'autre. Il n'y a de
prolétariat qu'en tant qu'il y a lutte contre le
capitalisme ; un pays n'existe que par ses fron-
tières. Si l'on supprime l'opposition, la totalité
se défait, on n'a plus affaire qu'à une pluralité
d'individus séparés. On ne peut en se transcendant vers le prolétariat se transcender du même
coup vers toute l'humanité, car la seule manière
de se transcender vers lui, c'est de se transcender avec lui contre le reste de l'humanité. Dira-
t-on qu'avec lui on se transcende vers une
humanité future où la séparation des classes
sera abolie ? Mais il faudra d'abord exproprier
une ou plusieurs générations d'aujourd'hui.
On travaillera toujours pour certains hommes
contre d'autres.

Ne peut-on cependant escompter par-delà
ces oppositions une réconciliation plus haute ?
Les sacrifices singuliers ne trouvent-ils pas eux-
mêmes une place nécessaire dans l'histoire universelle ? Le mythe de l'évolution veut nous
leurrer de cet espoir. Il nous promet, à travers
la dispersion temporelle, l'accomplissement de
l'unité humaine. La transcendance prend ici la
figure du progrès. En chaque homme, en cha-

cun de ses actes, s'inscrit tout le passé humain
et il est aussitôt tout entier dépassé vers l'avenir.
L'inventeur, réfléchissant sur les techniques an-
ciennes, invente une technique neuve et, s'appuyant sur ce tremplin, la génération suivante
invente une technique meilleure ; c'est son
propre projet dont le novateur salue la réussite
dans cette humanité future qui ne le dépasse
qu'en s'appuyant sur lui. « Ceux qui naîtront
après nous appartiendront à cause de nous à
une histoire plus haute qu'aucune ne le fut
jamais jusqu'à nous », écrit Nietzsche dans le
Gai Savoir. Ainsi la transcendance humaine
serait ressaisie tout entière en chaque moment,
puisqu'en chaque moment le précédent se
conserverait ; et cependant elle ne se figerait en
aucun d'eux, puisque le progrès se poursuit
toujours.

Seulement l'idée d'évolution suppose une
continuité humaine ; pour qu'un acte se prolonge dans le temps comme des ondes dans
l'éther, il faudrait que l'humanité soit un milieu
docile, passif ; mais alors comment se ferait-il
que l'homme agisse ?

Si mon fils est un être déterminé qui subit
mon action sans résistance, je suis déterminé
aussi, je n'agis pas ; et si je suis libre, mon fils
l'est aussi. Mais alors mon acte ne peut pas se
transmettre à travers la suite des générations
comme s'il glissait le long d'une eau tranquille :

sur cet acte, les autres hommes agissent à
leur tour. L'humanité est une suite disconti-
nue d'hommes libres qu'isole irrémédiablement
leur subjectivité.

Un acte jeté dans le monde ne s'y propage
donc pas à l'infini comme l'onde de la physique classique ; c'est plutôt l'image proposée
par la nouvelle mécanique ondulatoire qui
conviendrait ici : une expérience peut définir
une onde de probabilité et son équation de
propagation ; mais elle ne permet pas de prévoir l'expérience ultérieure qui jettera dans le
monde des données neuves à partir desquelles
il faudra reconstruire l'onde à nouveau. L'acte
ne s'arrête pas à l'instant où nous l'accomplis-
sons, il nous échappe vers l'avenir ; mais il y est
aussitôt ressaisi par des consciences étrangères ;
il n'est jamais pour autrui une contrainte
aveugle, mais un donné à dépasser et c'est
autrui qui le dépasse, non pas moi. À partir de
cet acte figé, autrui se jette lui-même dans un
avenir que je ne lui ai pas tracé. Mon action
n'est pour autrui que ce qu'il en fait lui-même :
comment donc saurais-je d'avance ce que je
fais ? et si je ne le sais pas, comment puis-je me
proposer d'agir pour l'humanité ? Je construis
une maison pour les hommes de demain ; ils s'y
abriteront peut-être ; mais elle peut aussi les
gêner dans leurs constructions futures ; peut-
être la subiront-ils, peut-être la démoliront-ils,

peut-être l'habiteront-ils et elle s'écroulera sur eux. Si je mets un enfant au monde, il sera peut-être demain un malfaiteur, un tyran ; c'est lui qui décidera ; et chacun des enfants de ses enfants décidera pour soi. Est-ce donc pour l'humanité que j'engendre ? Combien de fois l'homme s'est exclamé en contemplant le résultat inattendu de son action : « Je n'avais pas voulu cela ! » Nobel croyait travailler pour la science : il travaillait pour la guerre. Épicure n'avait pas prévu ce qu'on appela plus tard l'épicurisme ; ni Nietzsche le nietzschéisme ; ni le Christ l'Inquisition. Tout ce qui sort des mains de l'homme est aussitôt emporté par le flux et le reflux de l'histoire, modelé à neuf par chaque nouvelle minute, et suscite autour de soi mille remous imprévus.

Il y a cependant des buts sur lesquels s'accordent les libertés humaines. Si je me propose d'éclairer l'humanité, d'accroître son pouvoir sur la nature, d'améliorer son hygiène, le destin de mon action n'est-il pas sûr ? Le savant est content s'il apporte à l'édifice de la science une toute petite pierre ; elle demeurera éternellement à sa place nécessaire, et l'éternité agrandira à l'infini ses dimensions.

Il est vrai que les hommes s'accordent sur la science, puisqu'une pensée n'est scientifique que lorsqu'elle se fait telle que tous les hommes puissent s'accorder sur elle. Mais en travaillant

pour elle, est-ce bien pour l'humanité qu'on travaille ? Chacune de ses inventions définit pour
les hommes une situation neuve ; pour décider
qu'elle est utile, il faudrait que la situation
qu'elle crée soit meilleure que la situation anté-
rieure. D'une manière générale, l'idée de progrès exige de telles comparaisons. Mais peut-on
comparer les diverses situations humaines ? Qu'il
y ait sur terre cinquante millions d'hommes, ou
vingt, l'humanité est exactement aussi pleine ;
et elle a toujours en son cœur ce « creux toujours futur » qui l'empêche de jamais devenir
un paradis. Si elle peut être regardée comme un
but impossible à dépasser, c'est qu'elle n'est
elle-même limitée à aucun but ; c'est par son
propre élan qu'elle pose des buts qui à chaque
instant reculent devant elle. Mais voilà que ce
qui nous semblait promesse de salut se retourne
contre nos espoirs : ni science, ni technique,
ni aucune espèce d'action ne rapprocheront
jamais l'humanité de ce but mouvant. Quelle
que soit la situation créée, elle est à son tour un
donné à dépasser. « Un homme arrivé », dit le
langage populaire. Arrivé à quoi ? On n'arrive
jamais nulle part. Il n'y a que des points de
départ. À chaque homme l'humanité prend un
nouveau départ. Et c'est pourquoi le jeune
homme qui cherche sa place dans le monde ne
la trouve pas d'abord et se sent délaissé, inutile,
sans justification. Qu'il fasse de la science, de la

poésie, qu'il construise des moteurs, il se transcende, il transcende la situation donnée ; mais
il ne se transcende pas pour l'humanité : c'est
l'humanité qui se transcende à travers lui. Cette
transcendance n'est *pour* rien : elle est. La vie de
chaque homme, l'humanité tout entière apparaissent ainsi à chaque instant comme absolument gratuites, comme n'étant exigées, ni
appelées par rien ; c'est leur mouvement qui
crée des exigences et des appels auxquels il ne
sera répondu que par la création d'exigences
neuves. Aucun accomplissement n'est seulement imaginable.

Mais ce devenir sans fin ne peut-il être considéré lui-même comme un accomplissement ?
L'humanité ne se rapproche pas d'un but fixé
d'avance : mais si dans chacune de ses étapes
successives, la précédente se conserve et revêt
une forme plus haute, ne nous sera-t-il pas permis de parler de progrès ? Nous n'apercevons
en elle de contradiction, nous dit Hegel, que
parce que nous nous arrêtons à certains de ses
avatars ; mais si nous envisageons la totalité de
son histoire, nous voyons s'évanouir l'apparente
séparation des événements et des hommes, tous
les moments se concilient. L'obstacle fait partie
de la lutte que le brise ; le cubisme combat l'im-
pressionnisme, mais il n'existe que par lui
et c'est par-delà l'un et l'autre que se définira la
peinture de demain. Robespierre est abattu par

la révolution de Thermidor, mais Robespierre
et Thermidor ensemble se retrouvent dans
Bonaparte. En réalisant son destin historique et
singulier, chaque homme peut donc trouver sa
place au cœur de l'universel. Mon acte accompli devient autre que je ne l'avais voulu d'abord,
mais il ne subit pas là une perversion étrangère : il achève son être et c'est alors qu'il s'accomplit vraiment.

Pour souscrire à l'optimisme hégélien, il faudrait établir que la synthèse conserve effectivement la thèse et l'antithèse qu'elle dépasse ; il
faudrait que chaque homme pût se reconnaître
dans l'universel qui l'enveloppe. Il doit s'y
reconnaître, dit Hegel, puisque l'universel
concret est singulier, et que c'est à travers les
individualités singulières qu'il trouve sa figure :
il ne serait pas ce qu'il est si chacun de ses
moments n'avait pas été ce qu'il fut. Admettons
donc que la présence de chaque homme s'ins-
crive pour l'éternité dans le monde : consolera-
t-on un vaincu en lui montrant que sans sa
résistance le triomphe de son vainqueur aurait
été moins éclatant ? Cela suffira-t-il pour que
cette victoire soit sienne ? En vérité, c'est *sa*
défaite qui lui appartient. Nous avons vu que
l'homme est présent au monde de deux
manières : il est un objet, un donné que dépassent des transcendances étrangères ; et il est
lui-même une transcendance qui se jette vers

l'avenir. Ce qui est sien, c'est ce qu'il fonde par son libre projet, et non ce qui est fondé à partir de lui par autrui. Or ce qui se conserve d'un homme dans la dialectique hégélienne, c'est précisément sa facticité ; la vérité d'un choix, c'est la subjectivité vivante qui le fait choix de cette fin, et non le fait figé d'avoir choisi : et c'est seulement cet aspect mort que retient Hegel. En tant qu'il tombe dans le monde comme une chose passée et dépassée, l'homme ne peut s'y retrouver, il y est au contraire aliéné ; on ne peut sauver un homme en lui montrant que se conserve cette dimension de son être par quoi il est étranger à soi-même et objet pour autrui. Sans doute l'homme est présent à titre de donné à l'univers tout entier : à chaque instant, j'ai tout le passé de l'humanité derrière moi, devant moi tout son avenir ; je suis situé en un point de la terre, du système solaire, parmi les nébuleuses ; chacun des objets que je manie me renvoie à tous les objets qui constituent le monde et mon existence à celle de tous les hommes ; mis ceci ne suffit pas pour que l'univers soit mien. Ce qui est mien, c'est ce que j'ai fondé, c'est l'accomplissement de mon propre projet.

Aussi bien, dira Hegel, c'est en effet l'accomplissement de son projet que l'homme retrouvera dans le devenir universel, si seulement il a su étendre ce projet assez loin ; il n'y aura

de déception que pour l'entêtement stupide
qui s'obstinera dans un dessein fini : mais si
l'homme adopte le point de vue de l'universel, même dans l'apparence de la défaite il
reconnaîtra sa victoire. Démosthène avait la
vue courte quand il se désolait de la ruine
d'Athènes : au fond, ce qui lui importait, c'était
la civilisation, et c'est la civilisation que Phi-
lippe et Alexandre ont réalisée dans le monde.
Tout est bien si seulement je suis capable de
vouloir le tout.

Mais un tel vouloir est-il possible ?

Réfugié dans le ciel unique et impassible, le
sage verrait les révolutions passer comme des
ombres sur la face éternellement changeante
de la terre ; il ne lèverait pas un doigt pour faire
triompher cette figure du monde qui sera effacée demain ; il ne préférerait rien, puisque tout
serait sien. Ainsi l'économiste optimiste du XIXᵉ
admire que la surpopulation amène un excès
de main-d'œuvre, et un abaissement corrélatif
des salaires, qui entraîne la mortalité et la sté-
rilité de la classe ouvrière, ramenant alors la
dépopulation ; ainsi de suite.

Et en effet, si nous planons dans l'éther
hégélien, ni la vie, ni la mort de ces hommes
particuliers ne nous semblent importantes ; mais
pourquoi l'équilibre économique garde-t-il encore de l'importance ? Ce n'est pas l'esprit universel qui se réjouit ici de cette machinerie :

c'est un économiste bourgeois. L'esprit universel est sans voix, et tout homme qui prétend parler en son nom ne fait que lui prêter sa propre voix. Comment pourrait-il prendre le point de vue de l'universel, puisqu'il n'*est* pas l'universel? On ne saurait avoir d'autre point de vue que le sien. «Où est l'enfer?» demande à Méphistophélès le Faust de Marlowe; et le démon répond : «Il est là où nous sommes.» Ainsi l'homme peut dire : «La terre est là où je suis», il n'y a aucun moyen pour lui de s'évader dans Sirius. Prétendre qu'un homme renonce au caractère singulier de son projet, c'est tuer le projet. Ce que Démosthène voulait en vérité, c'était *une* civilisation reposant sur celle d'Athènes, s'épanouissant à partir d'elle.

Sans doute, il peut se faire que le projet ait visé une fin à travers des moyens qui se sont révélés inadéquats; en ce cas un homme peut se féliciter du succès d'un autre moyen, qu'il n'avait pas choisi d'abord. Un homme désire la prospérité de sa ville : il vote pour un chef; c'est son rival qui est élu, mais il se révèle un bon chef, la ville est prospère entre ses mains; l'électeur peut se satisfaire de son avènement. Mais c'est que la fin qu'il avait visée s'accomplit malgré tout. Et c'était une fin définie, singulière.

Si l'on prétend que toute fin peut être regardée comme un moyen vers une fin plus lointaine, on nie que rien ne soit vraiment une fin. Le projet se vide de tout contenu et le monde s'effondre en perdant toute forme. L'homme se trouve plongé au sein d'une nappe d'indifférence égale où les choses sont ce qu'elles sont sans qu'il choisisse jamais de les faire être. Puisqu'il y aura toujours une civilisation, il peut être inutile de défendre Athènes ; mais il faut renoncer alors à jamais rien regretter, à se réjouir de rien. Agir pour un but c'est toujours choisir, définir. Si la forme singulière de son effort apparaît à l'homme comme indifférente, en perdant toute figure sa transcendance s'évanouit, il ne peut plus rien vouloir puisque l'universel est sans manque, sans attente, sans appel.

Ainsi tout effort de l'homme pour établir un rapport avec l'infini est vain. Il ne peut entrer en rapport avec Dieu qu'à travers l'humanité, et dans l'humanité, il n'atteint jamais que certains hommes, il ne peut fonder que des situations limitées. S'il rêve de se dilater à l'infini, il se perd aussitôt. Il se perd en rêve car, en fait, il ne cesse d'être là, de témoigner par ses projets finis de sa présence finie.

La situation

Le jardin de Candide ne peut donc ni se réduire à un atome, ni se confondre avec l'univers. L'homme n'est qu'en se choisissant ; s'il refuse de choisir, il s'anéantit. Le paradoxe de la condition humaine, c'est que toute fin peut être dépassée ; et cependant, le projet définit la fin comme fin ; pour dépasser une fin, il faut d'abord l'avoir projetée comme ce qui n'est pas à dépasser. L'homme n'a pas d'autre manière d'exister. C'est Pyrrhus qui a raison contre Cinéas. Pyrrhus part pour conquérir : qu'il conquière donc. « Après ? » Après, il verra.

La finitude de l'homme n'est donc pas subie, elle est voulue : la mort n'a pas ici cette importance dont on l'a souvent revêtue. Ce n'est pas parce que l'homme meurt qu'il est fini. Notre transcendance se définit toujours concrètement en deçà de la mort ou au-delà. Pyrrhus n'attend pas d'avoir fait le tour de la terre pour rentrer chez lui ; le révolutionnaire se soucie peu de ne plus être là le jour où la révolution aura triomphé. La limite de notre entreprise est en son cœur même, non dehors. Un homme fait un voyage, il se hâte d'arriver à Lyon ce soir ; c'est qu'il veut être demain à Valence, pour être après-demain à Montélimar, le lendemain à

Avignon, le jour suivant à Arles ; on peut rire de
lui : il aura beau faire, il lui faudra rentrer sans
avoir vu Nîmes, Marseille ; il n'aura pas vu Bône
ni Constantinople. Mais peu lui importe, il aura
fait le voyage projeté : son voyage. L'écrivain est
impatient d'avoir fini ce livre pour en écrire
un autre : alors, je pourrai mourir tranquille,
dit-il, *mon* œuvre sera achevée. Il n'attend pas la
mort pour s'arrêter ; mais si son projet l'engage
jusque dans les siècles futurs, la mort ne l'arrêtera pas non plus. L'octogénaire bâtit, et plante ;
Moïse sait qu'il n'entrera pas dans la terre promise ; Stendhal écrit pour être lu cent ans plus
tard. Ma mort n'arrête ma vie qu'une fois que
je suis mort, et pour le regard d'autrui. Mais
pour moi vivant, ma mort n'est pas ; mon projet
la traverse sans rencontrer d'obstacle. Il n'existe
aucune barrière contre laquelle ma transcendance vienne buter en plein élan ; elle meurt
d'elle-même, comme la mer qui vient battre
une plage lisse, et qui s'arrête et ne va pas plus
loin.

Il ne faut donc pas dire avec Heidegger que
le projet authentique de l'homme, c'est d'être
pour mourir, que la mort est notre fin essentielle, qu'il n'y a pour l'homme d'autre choix
qu'entre la fuite ou l'assomption de cette possibilité ultime. D'après Heidegger lui-même, il
n'y a pas pour l'homme d'intériorité, sa subjectivité ne se révèle que par un engagement dans

le monde objectif. Il n'y a choix que par un acte qui mord sur les choses : ce que l'homme choisit, c'est ce qu'il fait ; ce qu'il projette, c'est ce qu'il fonde ; or il ne fait pas sa mort, il ne la fonde pas : il *est* mortel. Et Heidegger n'a pas le droit de dire que cet être est précisément *pour* mourir ; le fait d'être est gratuit ; on est *pour rien,* ou plutôt, le mot *pour* n'a ici aucun sens ; l'être est projet puisqu'il pose une fin, dit Heidegger ; mais en tant qu'être, l'être ne pose aucune fin : il est ; c'est le projet seul qui définit son être comme être *pour.* Heidegger convient qu'à la différence des autres fins, cette fin suprême n'est pas définie comme fin par aucun acte ; la décision résolue qui jette l'homme vers sa mort ne le conduit pas à se tuer, mais seulement à vivre *en présence de* la mort : mais qu'est-ce que la présence ? Elle n'est pas ailleurs que dans l'acte qui présentifie, elle ne se réalise que dans la création de liens concrets. Ainsi la conversion heideggérienne se montre aussi inefficace que la conversion stoïcienne ; après, comme avant, la vie se poursuit, identique ; il ne s'agit que d'un changement intérieur. Les mêmes conduites qui sont inauthentiques lorsqu'elles apparaissent comme des fuites deviennent authentiques si elles se déroulent en face de la mort. Mais ce mot : *en face de,* n'est qu'un mot ; de toute façon, pendant que je vis, la mort n'est pas *là* ; et aux yeux de qui ma conduite est-

elle fuite si pour moi elle est libre choix d'une
fin ? Les hésitations de Heidegger touchant le
degré de réalité de l'existence inauthentique
ont leur source dans ce sophisme. En vérité,
seul le sujet définit le sens de son acte ; il n'y a
fuite que par un projet de fuite ; lorsque j'aime,
lorsque je veux, je ne fuis rien : j'aime, je veux.
Le néant que me révèle l'angoisse n'est pas le
néant de ma mort ; c'est, au cœur de ma vie, la
négativité qui me permet de transcender sans
cesse toute transcendance ; et la conscience de
ce pouvoir se traduit non par l'assomption
de ma mort, mais bien plutôt par cette « ironie » dont parle Kierkegaard ou Nietzsche :
quand même je serais immortel, quand même
j'essaierais de m'identifier avec l'humanité
immortelle, il resterait que toute fin est un
départ, tout dépassement, objet à dépasser, et
que, dans ce jeu de relations, il n'y a d'autre
absolu que la totalité de ces relations mêmes,
émergeant dans le vide, sans soutien.

Ainsi on n'est pas *pour* mourir ; on est, sans
raison, sans fin. Mais comme J.-P. Sartre l'a
montré dans *L'Être et le Néant*, l'être de l'homme
n'est pas l'être figé des choses : l'homme a à
être son être ; à chaque instant il cherche à se
faire être, et c'est cela le projet. L'être humain
existe sous forme de projets qui sont non projets
vers la mort, mais projets vers des fins singulières. Il chasse, il pêche, il façonne des instru-

ments, il écrit des livres : ce ne sont pas là des divertissements, des fuites, mais un mouvement vers l'être ; l'homme fait pour être. Il faut qu'il se transcende, puisqu'il n'*est* pas, mais il faut aussi que sa transcendance se ressaisisse comme une plénitude, puisqu'il veut être : c'est dans l'objet fini qu'il fonde que l'homme trouvera un reflet figé de sa transcendance. Pourquoi fondera-t-il cet objet plutôt que celui-là ? c'est une question à laquelle on ne peut répondre, puisque précisément le projet est libre. Une analyse existentielle permettrait de dégager le sens global des différents choix d'un homme, d'en comprendre le développement et l'unité ; mais elle devrait s'arrêter devant le fait irréductible de cette option singulière par laquelle chaque homme *se* jette librement dans le monde. Ce n'est pas le contenu du projet que nous voulons examiner ici ; mais étant posé son caractère original, libre, nous essayons seulement de définir les conditions générales et formelles de son existence.

Nous sommes arrivés à la conclusion que le projet est singulier, donc fini : la dimension temporelle de la transcendance n'est pas voulue pour elle-même : elle dépend de la nature de l'objet fondé. Un homme peut vouloir construire un édifice qui résistera aux siècles ; il peut aussi s'efforcer de réussir un saut périlleux ; le temps n'est pas visé ici pour soi ; il n'est qu'une qualité

particulière de l'objet. De toute façon, qu'il
passe en un instant ou qu'il traverse les siècles,
l'objet a toujours une durée. La plénitude
de l'être, c'est l'éternité ; cet objet qui s'écroulera un jour n'est pas vraiment. « Et après ? »
L'homme cherche à ressaisir son être, mais il
peut toujours transcender à nouveau cet objet
dans lequel sa transcendance est engagée. Fût-il
indestructible, l'objet n'apparaîtrait que comme
contingent, fini, un simple donné qu'il faut
encore dépasser. L'objet se suffit tant qu'il me
suffit ; mais la réflexion est une des formes que
prend spontanément la transcendance, et aux
yeux de la réflexion l'objet est là, sans raison.
Un homme seul au monde serait paralysé par la
vision manifeste de la vanité de tous ses buts ; il
ne pourrait sans doute pas supporter de vivre.

Mais l'homme n'est pas seul au monde.

DEUXIÈME PARTIE

Les autres

«Comme elle a de la chance!» disait une psychasthénique en regardant une femme qui pleurait : «Elle pleure *pour de bon.*» Elle aussi pleurait bien souvent; mais ce n'étaient pas de vraies larmes : une comédie, une parodie, c'était *ses* larmes. L'homme normal ne pense pas être fait ni de verre ni de bois, il ne se prend ni pour une marionnette, ni pour un fantôme; mais lui non plus ne peut jamais croire pleinement ni à ses larmes, ni à son rire : rien de ce qui lui arrive n'est tout à fait vrai. J'ai beau me regarder dans une glace, me raconter ma propre histoire, je ne me saisis jamais comme un objet plein, j'éprouve en moi ce vide qui est moi-même, j'éprouve que je ne *suis pas*. Et c'est pourquoi tout culte du moi est en vérité impossible; je ne peux me destiner à moi-même. Souvent dans ma jeunesse je me suis désolée de ne posséder aucune personnalité alors que certaines camarades m'éblouissaient par l'éclat de leur originalité ; autrui revêt facilement ce caractère merveilleux et inaccessible, car lui seul éprouve pour soi ce vide qui est en son cœur ; pour moi, il est dans le monde un objet, une plénitude : moi qui ne suis rien, je crois en son être ; et cependant, il est autre chose aussi qu'un objet : il a l'infinité de sa transcendance qui peut sans cesse reculer l'horizon vers lequel elle s'élance. Je ne sais si Dieu existe et aucune expérience ne peut me le rendre présent ; l'humanité ne se réalise jamais. Mais autrui est là, devant moi, fermé sur soi, ouvert sur l'infini. Si je lui destinais mes actes, ne revêtiraient-ils pas eux aussi une dimension infinie ?

Dès qu'un enfant a achevé un dessin ou une page d'écriture, il court les montrer à ses parents ; il a besoin de leur approbation autant que de bonbons ou de jouets ; le dessin exige un œil qui le regarde : il faut que pour quelqu'un ces lignes désordonnées deviennent un bateau, un cheval ; alors le miracle s'accomplit, et l'enfant contemple avec orgueil le papier bariolé : il y a là dorénavant un vrai bateau, un vrai cheval ; seul avec lui-même, il n'eût pas osé se fier à ces traits hésitants. Sans doute, nous n'essayons pas de changer ainsi en un dur diamant tous les instants de notre vie ; souvent nous cherchons à accomplir notre être sans secours : je marche dans la campagne, je brise une tige, je pousse un caillou du pied, je gravis

une colline; tout cela, sans témoin. Mais personne ne se satisfait sa vie entière d'une pareille
solitude. Dès que ma promenade est achevée,
j'éprouve le besoin de la raconter à un ami : le
roi Candaule veut que la beauté de sa femme
éclate aux yeux de tous. Thoreau vit des années
dans les bois, seul, mais au retour il écrit
Walden; et Alain Gerbault écrit : *Seul à travers
l'Atlantique*. Même Sainte Thérèse écrit *Le Château intérieur* et Saint Jean de la Croix ses cantiques.

Qu'attendons-nous donc d'autrui?

J'aurais tort d'espérer qu'autrui puisse m'emporter au loin à travers un devenir sans fin;
aucun acte humain ne se propage à l'infini; ce
qu'autrui crée à partir du moi n'est plus mien;
le malade que je guéris peut rouler sous un
autobus à sa première sortie : je ne dirai pas
que mes soins l'ont tué. Je mets un enfant au
monde : s'il devient un criminel, je ne suis pas
un malfaiteur. Si je prétendais assumer à l'infini
les conséquences de mes actes, je ne pourrais
plus rien vouloir. Je suis fini; il faut que je
veuille ma finitude. Mais ce que je désire, c'est
choisir une fin qui ne puisse pas être dépassée,
qui soit vraiment une fin. Et si l'objet, figé sur
lui-même, ne suffit pas à m'arrêter, autrui ne
posséderait-il pas ce pouvoir?

Le dévouement

Supposons qu'autrui ait besoin de moi ; supposons que son existence possède une valeur absolue : me voilà justifié d'être puisque je suis pour un être dont l'existence est justifiée. Je suis délivré du risque, de l'angoisse ; en posant devant moi une fin absolue j'ai abdiqué ma liberté ; aucune question ne se pose plus ; je ne veux plus être qu'une réponse à cet appel qui m'exige. Le maître a faim et soif : l'esclave dévoué ne veut être que le plat qu'il prépare, le verre d'eau qu'il apporte pour apaiser la faim et la soif ; il fait de lui-même un instrument docile. Si son maître l'exige, il se tuera, et même il le tuera, car il n'existe rien par-delà la volonté du maître, pas même ce qui pourrait sembler son bien. Pour atteindre son être, l'esclave se veut chose devant celui qui détient l'être. Beaucoup d'hommes, des femmes plus encore, souhaitent un tel repos : dévouons-nous.

Mais d'abord, à qui me dévouerai-je ? Il faut que la valeur de cette vie à laquelle ma vie se destine m'apparaisse comme absolue. Si cette femme se demandait à quoi sert son vieux mari incapable, elle se demanderait aussi : À quoi bon me dévouer à lui ? Elle évite de s'interroger ; mais sa sécurité est alors bien précaire : à chaque instant, la question peut se poser. Je ne me dévouerai avec tranquillité que si je veux l'existence de l'autre d'une manière inconditionnée. Il arrive qu'à travers l'amour, l'admiration, le respect de la personne humaine, surgisse une telle volonté. Est-il alors légitime de me consacrer corps et âme à cet enfant, ce maître, cet infirme ? Mon être pourra-t-il ainsi s'accomplir ?

L'homme qui se dévoue se plaint souvent de ne rencontrer autour de lui qu'ingratitude ; ses bienfaits ne touchent pas, ou même ils irritent ; la justification qu'il attendait lui est refusée par celui-là même qui pouvait seul la lui accorder. Il invoque avec aigreur la perversité de l'homme. Mais le démenti qu'il reçoit n'aurait-il pas des raisons plus précises ? Le dévouement est-il jamais conforme à ce qu'il prétend être ? Et atteint-il jamais les résultats qu'il se propose ?

« Je n'ai pas demandé à naître », dit l'enfant ingrat. Par ces mots, il touche son père au vif. Car le dévouement se présente d'abord comme une totale démission en faveur d'autrui. « Je n'ai vécu que pour toi, je t'ai tout sacrifié », dit le père ; mais il lui faut bien reconnaître qu'il ne pouvait se démettre en faveur de ce qui n'existait pas encore. Procréer un enfant, ce n'est se dévouer à personne ; c'est se jeter soi-même dans le monde à travers un enfant anonyme, sans se soumettre à aucune volonté étrangère. « Soit », dit le père. « Mais dès que l'enfant a été là, il a demandé, exigé : et je lui ai donné. » « S'il m'a tout donné, c'est qu'il le voulait bien », dit l'ingrat ; et en effet, c'est librement que le père a accédé à ses demandes. Un homme ne peut jamais abdiquer sa liberté ; lorsqu'il prétend y renoncer, il ne fait que se la masquer, il se la masque librement. L'esclave qui obéit choisit d'obéir et son choix doit être renouvelé à chaque instant. On se dévoue parce qu'on le veut bien ; on le veut parce que c'est de cette manière qu'on espère récupérer son être... « Je t'ai donné ma vie, ma jeunesse, mon temps », dit la femme dédaignée ; mais qu'eût-elle fait de sa jeunesse, de son temps, si elle ne les eût donnés ? En amour, en amitié, le mot de don a un sens bien ambigu ; le tyran adulé pense qu'il fait une grande grâce à son esclave en acceptant ses services : il n'a pas tort, si l'esclave se complaît dans son esclavage. C'est avec regret que la mère contemple son grand fils, l'infirmière bénévole son malade guéri. « Tu n'as plus besoin de moi ! » Ce regret prend souvent la forme d'un grief : ce besoin que je rencontrais dans l'autre était donc bien un don qu'il me faisait. On ne sait trop ici qui gagne ou qui perd. Le dévouement irrite bien souvent celui qui en est l'objet ; il ne demandait rien : c'est sa mère, sa femme, son ami qui demandent que leur dévouement soit agréé ; ils se réjouissent du malheur de l'autre parce qu'ils espèrent l'en consoler, ils lui reprochent comme une trahison un bonheur qui les rend inutiles. Non seulement le dévouement n'est pas une démission, mais bien souvent il prend une figure hargneuse et tyrannique : c'est sans lui, c'est contre lui que nous voulons le bien d'autrui.

Mais est-ce alors le bien d'autrui qu'on veut ? Il est évident que c'est à cette condition seulement qu'on peut parler de dévouement. Si je me propose un but qu'autrui ne se proposait pas, qui est *mon* but, je ne me dévoue pas : je fais. En regardant son fils qui n'a pas demandé à naître et qui est à présent un beau petit garçon robuste, le père peut penser avec orgueil : « Voilà ce que j'ai fait », et non : « Voilà à quoi je me suis dévoué. » Il n'y a dévouement que si je prends pour fin une fin définie par autrui ; mais alors il est contradictoire de supposer que je puisse, moi, définir cette fin pour lui. Le père despotique qui empêche son fils de faire un mariage désiré voudrait encore penser qu'il se dévoue à lui ; mais c'est au nom de son propre bien qu'il choisit pour son fils une situation plutôt qu'une autre. Il évite d'assumer sa propre volonté en déclarant qu'il agit pour *le* bien. Il pose l'objectivité des valeurs admises telles que la santé, la richesse, la gloire. Le curé défroqué qui dans le *Journal d'un curé de campagne* de Bernanos assomme de ses leçons sa malheureuse compagne pense agir pour son bien : le savoir n'est-il pas un bien ? Ainsi l'inquisiteur fait griller l'hérétique au nom du bien : nul ne prétendra qu'il se dévoue à lui. Se dévouer, c'est agir *pour* autrui ; en donnant au mot « pour » le sens que traduit l'expression allemande : « warum willen », c'est répondre à l'appel qui émane de sa volonté. Ce qu'il veut comme son bien, c'est seulement cela son bien ; quand une fin est posée par un homme pour elle-même, sans condition, personne ne peut lui dénier ce caractère, et s'il ne l'atteint pas, aucune réussite étrangère ne saurait compenser cet échec. Et il faut prendre garde que, comme l'a si bien montré Hegel, la fin enveloppe les moyens grâce auxquels nous nous proposons de l'atteindre : un enfant essaie de grimper à un arbre ; un adulte bienveillant et présomptueux le soulève de terre, le hisse sur une branche ; l'enfant est déçu ; il ne voulait pas seulement être sur l'arbre, mais y grimper lui-même. Nous voyons tout de suite qu'il est certains biens qu'autrui ne peut pas atteindre par nous. Nous ne pouvons rien *pour* lui que s'il attend de nous quelque chose, et en lui donnant précisément ce qu'il attend.

Beaucoup de prétendus dévouements contredisent donc dès le départ à leur prétention : ce sont en vérité des tyrannies. Mais ne peut-il y avoir des dévouements qui ne soient pas tyran-

niques ? Je veux me dévouer ; je sais que ce faisant, je demeure libre, que rien ne me délivrera
du risque et de l'angoisse de ma liberté ; mais
librement je choisis de prendre pour fin la fin
posée par la volonté de l'autre ; n'est-ce pas
alors vraiment son bien que je cherche ?

Mais il faudrait d'abord savoir quelle est la
volonté de l'autre ; ce n'est pas si facile. Tout
projet s'étend à travers le temps ; il enveloppe
une pluralité de projets élémentaires ; il faut
savoir distinguer ceux qui s'accordent avec le
projet essentiel, ceux qui le contredisent, ceux
qui ne s'y rattachent que d'une manière contingente ; il faut ici distinguer la volonté d'autrui
de ses caprices. Ce convalescent veut sortir malgré l'ordre du médecin ; je cède à son désir, il
retombe malade. « Je ne suis pas responsable,
j'ai fait ce qu'il a voulu. » Nul n'acceptera cette
excuse. « Vous n'auriez pas dû m'écouter »,
dira avec colère le malade lui-même. Devenu
homme, l'enfant gâté adressera à ses parents
de semblables reproches ; ils peuvent sembler
durs ; ils ne sont pas injustes. Du fait que je
connais les désirs d'autrui, je les transcende, ils
ne sont pour moi que des données, et c'est à
moi de décider s'ils expriment sa vraie volonté ;
car un homme est autre chose que ce qu'il est
dans l'instant ; aucune parole, aucun geste
même ne saurait définir un bien qui dépasse
chaque instant. Il serait bien léger de se fier

aux mots : Oreste fut étourdi de croire qu'Her-
mione voulait la mort de Pyrrhus parce qu'elle
la réclamait à grands cris ; des conduites singulières ne suffisent pas non plus à nous
convaincre : c'est la totalité d'une vie qu'il faudrait pouvoir interroger. Déjouant les ruses de
la mauvaise foi, le psychiatre découvre à son
malade des fins qui sont ses fins, et qui cependant sont tout autres que celles que le malade
avoue. Nous faisons crédit à la lucidité des gens
que nous admirons, que nous respectons : mais
c'est là encore une décision. Le bien de l'autre,
c'est ce qu'il veut ; mais lorsqu'il s'agit de dis-
cerner sa vraie volonté, nous ne pouvons recourir qu'à notre seul jugement.

N'est-ce pas là redevenir tyran ? Il sera facile
au père despotique de penser qu'il juge du
bien de son fils mieux que son fils lui-même :
« Au fond, dit-il, mon fils veut la même chose
que moi ; c'est par ignorance, par étourderie
qu'il s'entête ; il reconnaîtra plus tard son
erreur. » Il en appelle de son fils présent à
son fils à venir. Mais pas plus dans l'avenir que
dans le présent il ne rencontrera jamais aucune
certitude. La soumission future sera-t-elle plus
vraie que la révolte d'aujourd'hui ? Si celle-ci
n'inquiète pas le père, pourquoi la docilité
qu'il escompte le satisferait-elle ? Il peut arriver même que des parents se désolent d'avoir
été trop bien obéis ; dans la bouche du jeune

homme qui accepte leur bien, ils ne reconnaissent plus la voix du petit garçon qu'ils ont
dompté; ce n'est pas le bien de ce jeune homme
qu'ils voulaient mais le bien du petit garçon tel
qu'il existerait encore dans le jeune homme. Ils
étaient dupes ici d'une illusion : les moments
successifs d'une vie ne se conservent pas dans
leur dépassement, ils sont séparés; pour l'individu comme pour l'humanité, le temps n'est
pas progrès, mais division; de même qu'on ne
peut jamais agir pour l'humanité entière, on
n'agit jamais pour un homme tout entier; la
volonté d'un homme ne demeure pas la même
à travers toute une vie; le blâme ou l'approbation à venir ne seront pas une constatation
objective, mais un projet neuf, qui ne jouit
d'aucun privilège sur le projet qu'il confirme
ou qu'il contredit. Il n'est aucun instant d'une
vie où s'opère une réconciliation de tous les
instants. Non seulement on ne peut connaître
avec évidence le bien d'autrui; mais il n'y a pas
un bien qui soit définitivement ce bien. Entre
ces différents biens posés par les différents projets d'un homme, il faudra souvent choisir. Il
faut trahir l'enfant pour l'homme, ou l'homme
pour l'enfant.

C'est donc dans le risque et dans le doute
qu'on se dévoue. Il faut prendre parti et nous
devons choisir sans que rien nous dicte notre
choix. Mais il appartient à notre liberté précisé-

ment de poser de tels choix ; je choisirai de préférer l'homme à l'enfant si c'est l'homme que
deviendra l'enfant qui m'intéresse, et non l'enfant ; ou je préférerai l'enfant parce que l'enfant
existe et que je l'aime et que je suis indifférent
à cet homme futur que je ne connais pas. On
ne saurait condamner le dévouement simplement parce qu'il exige que nos actes se limitent
à ceci ou à cela ; nous n'agissons jamais qu'en
nous créant des limites.

Admettons donc que conscient de la liberté
de mes actes, des risques qu'ils comportent, des
limites de leur succès, je décide encore de
répondre à cet appel qui monte vers moi. L'enfant me demande un jouet, je le lui donne,
il est heureux ; ne puis-je me satisfaire de sa
joie ? La mère complaisante regarde l'enfant
qui sourit au jouet et sourit ; mais son sourire se
fige : maintenant l'enfant veut un tambour,
une panoplie ; le vieux jouet ne l'amuse plus.
« Après ? » dit-il impatiemment ; sa mère aura
beau s'ingénier à le satisfaire ; il y aura toujours
un « après ». Le dévouement prétend combler
autrui ; mais on ne saurait combler un homme ;
un homme n'arrive jamais nulle part : on s'épui-
sera à le suivre sans jamais arriver non plus.
Rappelons-nous que l'homme est transcendance : ce qu'il réclame, il ne le réclame que
pour le dépasser. Le malade exige des soins,
je les lui donne, il guérit ; mais la santé qu'il

retrouve par moi n'est pas un bien si je l'arrête
à elle-même : elle ne devient un bien que s'il en
fait quelque chose. Si je l'empêche d'en user, il
me demandera avec colère : « Pourquoi m'avoir
sauvé la vie ? Pourquoi me l'avoir donnée ? »
C'est pourquoi les contes où le héros sauvé
d'un péril mortel est contraint par son sauveur
de lui rendre la vie à un jour fixé nous semblent si cruels ; l'homme sauvé rendra tout
autre chose que ce qu'il a reçu et le bienfaiteur
exigeant fait figure de tyran injuste. Je ne crée
jamais pour autrui que des points de départ ; la
santé, l'instruction, la fortune dont un père a
doté son fils doivent lui apparaître non comme
des données, mais comme des possibilités que
seul le fils peut utiliser. Ce n'est pas moi qui
fonde autrui ; je suis seulement l'instrument
sur lequel autrui se fonde. Lui seul se fait être
en transcendant mes dons.

Le père, le bienfaiteur méconnaissent souvent cette vérité… « C'est moi qui l'ai fait ce
qu'il est. Je l'ai tiré de rien », disent-ils en dési-
gnant leur obligé. Ils voudraient que l'autre
reconnût en eux, hors de soi-même, le fondement de son être. Une telle gratitude se rencontre parfois. « Que serais-je devenu sans
vous ? » dit avec égarement l'homme arraché à
un désastre ; il refuse de se projeter par-delà ce
désastre ; en sauvant sa situation, on l'a sauvé
lui-même. Mais un homme fier refuse avec

révolte de se confondre ainsi avec une chose
donnée, de renier sa liberté. Quoi qu'on ait fait
pour lui, il ne se sent pas atteint dans son être :
son être, c'est lui seul qui le fait. C'est là la
source essentielle de ces malentendus qui sépa-
rent souvent l'enfant de ses parents : « Tu me
dois la vie », dit le père en exigeant l'obéissance
de son fils ; mais donner une vie ne confère
aucun droit sur une liberté. Le père pense
qu'il a fait à son enfant le plus grand des dons
puisqu'il l'a mis au monde ; mais l'enfant sait
qu'il n'y a de monde pour lui que par sa présence à ce monde. Il n'est lui-même que par
son propre projet. Sa naissance, son éducation
ne sont que la facticité qu'il s'agit pour lui de
dépasser ; ce qu'on a fait pour lui fait partie
de la situation que sa liberté transcende : il fallait bien qu'il fût dans une situation ou dans
une autre, il ne coïncide pas avec sa situation
puisqu'il est toujours ailleurs.

L'erreur fondamentale du dévouement, c'est
qu'il considère autrui comme un objet portant
dans son cœur un vide qu'il serait possible de
combler ; même lorsqu'il vise l'avenir, il suppose encore un tel manque. Un fils souhaite se
marier ; ce mariage lui imposera de lourdes
charges et risque de le conduire à la misère ;
son père s'y oppose ne disant : « J'agis pour son
bien. » Mais comment agirait-il pour cet homme
qui n'existe pas encore et ne projette devant lui

aucun bien ? Le père imagine son fils tel qu'il
eût été sans lui : un homme misérable, accablé
de soucis ; puis il l'imagine tel qu'il sera grâce à
lui : riche et libre ; et il prétend voir en celui-ci
un homme misérable sauvé par lui de la misère ;
mais l'homme misérable n'existe nulle part,
aucun appel n'est monté de ses lèvres, il n'y
avait pas là un vide à combler. De même, un
enfant heureux de vivre n'est pas un enfant qui
a demandé à naître et qui est né. Lorsque j'étais
petite, je pensais souvent avec une espèce de
vertige à tous les enfants qui ne naîtraient
jamais, comme s'ils eussent existé quelque part,
en puissance, comme s'ils eussent été des appels
non entendus, des vides non comblés ; mais
c'était une imagination puérile : la vie est une
plénitude que n'a précédée aucune douloureuse absence.

Une légende celte raconte qu'on prédit à une
jeune femme que son enfant serait un « digne
druide » si elle le mettait au monde cette nuit-là
et qu'il serait un grand roi si elle n'accouchait
que le lendemain : elle resta héroïquement
assise toute la nuit sur une pierre ; l'enfant
naquit seulement au matin ; il avait la tête apla-
tie, mais il fut un grand roi[1]. On sent clairement
ici que la mère héroïque ne s'est pas dévouée à
son fils ; dans la mesure où déjà il existait, il ne

1. Cité par Dumézil : *Les Horaces et les Curiaces.*

demandait qu'à naître ; et si l'on interroge l'avenir, on pense que s'il eût été un sage druide, il
eût été heureux de l'être ; en choisissant l'existence d'un roi on a refusé celle d'un druide : en
l'un comme en l'autre, l'enfant eût pleinement
réalisé sa destinée ; en un sens, un homme est
toujours tout ce qu'il a à être, puisque, comme
le montre Heidegger, c'est son existence qui
définit son essence. Il ne faut pas croire cependant que la jeune mère a agi pour *elle-même*.
L'erreur des morales de l'intérêt est la même
que celle du dévouement ; on suppose que
d'abord un vide était là, en moi ou en autrui, et
que je n'aurais pu agir si la place de mon acte
n'eût été d'abord creusée. Mais nos actes n'attendent pas d'être appelés ; ils jaillissent vers un
avenir qui n'est préfiguré nulle part. C'est toujours un avenir que créent nos actes ; et l'avenir
éclate dans le monde plein comme une nouvelle et gratuite plénitude. On ne veut ni pour
autrui, ni pour soi ; on veut *pour rien* : et c'est
cela la liberté. C'est pour rien que la jeune mère
de la légende voulait un fils qui fût un roi, pour
rien qu'une mère de chair et d'os veut que son
fils devienne un homme fort, riche, instruit ; et
c'est même là ce qui fait le caractère émouvant
de l'amour maternel bien compris. Il nous faut
savoir que nous ne créons jamais pour autrui
que des points de départ et pourtant les vouloir
pour nous comme des fins.

L'homme généreux sait bien que son action n'atteint que les dehors d'autrui ; tout ce qu'il peut demander, c'est que cette action libre ne soit pas confondue par celui qui en bénéficie avec une pure facticité sans fondement : qu'elle soit reconnue comme libre. L'ingrat refuse souvent une telle reconnaissance. Il n'aime pas s'avouer qu'il a été visé comme objet par une liberté étrangère : il ne voudrait croire qu'en sa seule liberté. Il s'efforce alors de ne pas penser à son bienfaiteur ; ou il prétend ne voir en lui qu'une force mécanique, il explique : le bienfaiteur a agi par vanité, par importance ; si sa décision apparaît comme soumise à un déterminisme psychologique, elle n'offense plus, elle n'est plus qu'un fait brut parmi d'autres. Dans la reconnaissance éclairée, consentie, il faut être capable de maintenir face à face ces deux libertés qui semblent s'exclure : celle de l'autre, et la mienne ; il faut que je me saisisse à la fois comme objet et comme liberté, que je reconnaisse ma situation comme fondée par l'autre tout en affirmant mon être par-delà la situation.

Il ne s'agit pas ici de s'acquitter d'une dette ; il n'existe aucune monnaie qui permette de payer l'autre en retour ; entre ce qu'il a fait pour moi et ce que je ferai pour lui, il ne saurait y avoir aucune mesure. Pour se débarrasser de tout souci de reconnaissance, il arrive qu'un homme essaie de rembourser un bienfait par

des dons ; ces dons ne touchent pas, ils bles-
sent ; ils apparaissent comme le prix d'un service dont on prétend donc mesurer la valeur
comme celle d'une chose. Un pourboire donné
en remerciement d'un acte généreux est insul-
tant ; c'est une manière de lui dénier sa liberté
en supposant qu'il n'a pas été fait gratuite-
ment, pour rien, mais par intérêt. La générosité se sait et se veut libre et ne demande rien
que d'être reconnue comme telle.

C'est une générosité lucide qui doit guider
nos actes. Nous assumerons nos propres choix,
nous poserons comme nos fins les situations
qui seront pour autrui des points de départ
neufs. Mais il ne faut pas nous leurrer de l'espoir qu'on puisse rien faire *pour* autrui. C'est là
ce que nous apprend pour finir cet examen du
dévouement : ses prétentions ne sauraient être
justifiées, le but qu'il se propose est impossible.
Non seulement nous ne saurions abdiquer notre
liberté en faveur de l'autre, ni agir jamais pour
un homme tout entier, mais nous ne pouvons même rien faire pour aucun homme. Car
il n'existe pour lui aucun bonheur immobile
dont nous puissions le gratifier, aucun paradis
où nous puissions le faire entrer ; son bien véritable, c'est cette liberté qui n'appartient qu'à
lui et qui l'emporte par-delà tout donné ; elle
est hors de notre atteinte. Dieu même n'aurait
sur elle aucune prise.

Et si je ne peux rien pour un homme, je ne peux rien non plus contre lui. À la déception de la mère qui ne réussit pas à combler son enfant correspond l'exaspération du bourreau que défie une âme orgueilleuse ; il a beau faire, si sa victime se veut libre, elle le demeurera jusque dans le supplice, et la lutte et la souffrance ne font que la grandir ; on ne peut la tuer que parce qu'elle portait sa mort en elle : de quel point de vue pourrons-nous dire que c'est un mal que cette mort soit survenue aujourd'hui plutôt que demain ? Comment nuire à un homme ? Était-ce nuire à Socrate que de lui faire boire la ciguë ? à Dostoïevski que de l'envoyer au bagne ?

Certes, la violence existe. Un homme est à la fois liberté et facticité ; il est libre, mais non de cette liberté abstraite que posaient les Stoïciens, il est libre en situation. Il faut distinguer ici, comme nous le suggère Descartes, sa liberté et sa puissance ; sa puissance est finie, et on peut de dehors l'augmenter ou la restreindre ; on peut jeter un homme en prison, l'en sortir, lui couper un bras, lui prêter des ailes ; mais sa liberté demeure infinie en tout cas ; l'automobile et l'avion ne changent rien à notre liberté, et les chaînes de l'esclave n'y changent rien non plus : librement il se laisse mourir ou rassemble ses forces pour vivre, librement il se résigne ou se révolte, toujours il se dépasse. C'est seulement sur la facticité de l'homme, sur ses dehors, que la violence peut agir ; même lorsqu'elle l'arrête dans son élan vers son but, la violence ne l'atteint pas au cœur de lui-même ; car il était encore libre en face du but qu'il se proposait ; il voulait sa réussite sans se confondre avec elle, il peut transcender son échec comme il aurait transcendé le succès. Et c'est pourquoi aussi un homme fier refuse la pitié comme il refusait la gratitude : il n'est jamais comblé, mais il n'est jamais démuni, il ne veut pas qu'on le plaigne : il est par-delà son malheur comme son bonheur.

Nous ne sommes donc jamais pour autrui qu'un instrument, même lorsque nous sommes un obstacle, comme l'air qui supporte la colombe de Kant tout en lui résistant. Un homme ne serait rien s'il ne lui arrivait rien, et c'est toujours par les autres que quelque chose lui arrive, à commencer par sa naissance. On ne saurait traiter autrui comme un instrument s'il refuse de l'être : c'est moi au contraire qui suis l'instrument de son destin. Et c'est pourquoi nos actes à l'égard d'autrui nous semblent à la fois si lourds et sans aucun poids. Sans doute, la vie d'autrui aurait été tout autre si je n'avais pas passé sur ce chemin, prononcé ces mots, si je n'avais pas été là. Mais ç'aurait été *sa* vie ; c'est par lui que nos mots et nos gestes ont reçu un sens, il en a librement décidé. Tout aurait été autour de lui aussi plein si je n'avais pas existé.

Faut-il alors conclure que nos conduites à l'égard d'autrui sont indifférentes?

Bien loin de là. Elles sont *pour lui* indifférentes, puisqu'elles font partie de ces choses que les Stoïciens appelaient « οὐκ ἐφ' ἡμῖν », les choses que nous n'avons pas voulues nous-mêmes. Mais elles me concernent, ce sont *mes* conduites et j'en suis responsable. C'est un paradoxe dont on trouve l'illustration la plus saisissante dans la religion chrétienne : le chrétien n'est *pour autrui* qu'un instrument entre les mains de Dieu; et pourtant il est redevable à Dieu de tous *ses* actes. À quoi bon soigner les malades, soulager les misères puisque la maladie et la misère sont des épreuves voulues par Dieu et bonnes pour les âmes? Un père chrétien dont la conduite tyrannique avait provoqué ou hâté la mort de sa fille disait pour se justifier : « Après tout, je n'ai été qu'un instrument entre les mains de Dieu. » Le chrétien sait qu'à travers lui c'est toujours Dieu qui agit; même s'il induit son prochain en tentation, c'est que le prochain devait être tenté. Et cependant le Christ a dit : « Malheur à celui qui scandalise »; le chrétien sincère et scrupuleux refuse cette lâche défense : « Je ne suis qu'un instrument »; car si pour autrui il n'est que prétexte, occasion de salut ou de perte, devant Dieu il est libre. La mort n'est pas un mal pour l'homme que je tue : à travers mon crime, c'est

la volonté de Dieu qui le rappelle ; mais cependant en le tuant, moi, j'ai péché. Donné pour
autrui, mon acte est pour moi un acte libre. Et
ainsi, au point de vue chrétien, ce n'est jamais
pour autrui qu'on peut rien vouloir, c'est pour
Dieu ; c'est son propre salut qu'on doit accomplir ; on ne saurait faire le salut d'autrui et c'est
là le seul bien qui existe pour lui. Cette vérité
peut s'exprimer en un autre langage : en tant
que liberté, autrui est radicalement séparé de
moi, aucun rapport ne peut être créé de moi
à cette pure intériorité sur laquelle, comme l'a
fortement montré Descartes, Dieu même n'aurait pas de prise ; ce qui me concerne, c'est
la situation d'autrui, en tant que fondée par
moi. Il ne faut pas croire que je puisse éluder la
responsabilité de cette situation sous prétexte
qu'autrui est libre : cela, c'est son affaire, non
la mienne. Moi, je suis responsable de ce que je
peux faire, de ce que je fais. Il y a une pensée
commode et fausse qui autorise toutes les abs-
tentions, toutes les tyrannies ; paisible et repu,
l'égoïste déclare : « le chômeur, le prisonnier,
le malade sont aussi libres que moi ; pourquoi
refuser les guerres, la misère, si dans les pires
circonstances un homme demeure aussi libre ? »
Mais seul le misérable peut se déclarer libre au
sein de sa misère ; moi qui m'abstiens de l'aider, je suis le visage même de cette misère ; la

liberté qui la refuse ou qui l'accepte n'existe absolument pas pour moi ; elle n'existe que pour celui en qui elle se réalise. Ce n'est pas en son nom, c'est au nom de *ma* liberté que je peux, moi, l'accepter ou la refuser.

Et il faut que j'accepte ou que je refuse. Je dis que je ne peux rien ni pour autrui, ni contre autrui : mais cela ne me délivre pas du souci de mon rapport avec lui. Car quoi que je fasse, j'existe devant lui. Je suis là, confondu pour lui avec la scandaleuse existence de tout ce qui n'est pas lui, je suis la facticité de sa situation. Autrui est libre, à partir de là : à partir de là seulement ; totalement libre : mais libre en face de ceci et non de cela, en face de moi. La fatalité qui pèse sur autrui, c'est toujours nous : la fatalité, c'est le visage figé que tourne vers chacun la liberté de tous les autres. C'est en ce sens que Dostoïevski disait que « chacun est responsable de tout, devant tous ». Immobile ou agissant, nous pesons toujours sur la terre ; tout refus est choix, tout silence a une voix. Notre passivité même est voulue ; pour ne pas choisir, il faut encore choisir de ne pas choisir ; il est impossible d'échapper.

La communication

Ainsi, une première analyse de mes rapports avec autrui m'a conduit à ce résultat : autrui ne me demande rien ; il n'est pas un vide que j'aurais à combler ; je ne peux découvrir en lui aucune justification toute faite de moi-même. Et cependant chacun de mes actes en tombant dans le monde crée pour lui une situation neuve ; ces actes, il me faut les assumer. Je veux certaines situations, j'en refuse d'autres. Mais comment se fait-il donc qu'elles ne m'apparaissent pas comme indifférentes, que je puisse choisir entre elles ? En quoi me concernent-elles ? Quel est mon vrai rapport avec autrui ?

Il faut d'abord nous détourner des erreurs de la fausse objectivité. L'esprit de sérieux considère la santé, la richesse, l'instruction, le confort, comme des biens indiscutables dont la cote est inscrite au ciel ; mais il est dupe d'une illusion ; il n'existe pas sans moi de valeurs toutes faites et dont la hiérarchie s'impose à mes décisions. Le bien d'un homme, c'est ce qu'il veut comme son bien. Cependant cette volonté ne suffit pas à définir la nôtre : est-il bien que cet homme atteigne *son* bien ? Nous l'avons vu, un homme même est divisé ; entre son présent et son avenir, il nous faut souvent choisir. Et l'homme n'est pas seul au monde ; les biens des différents hommes sont différents ; travailler pour certains d'entre eux, c'est souvent travailler contre les autres ; on ne peut s'arrêter à cette solution tranquille : vouloir *le* bien *des* hommes. C'est *notre* bien qu'il nous faut définir. L'erreur de la morale kantienne, c'est d'avoir prétendu faire abstraction de notre propre présence au monde ; aussi n'aboutit-elle qu'à des formules abstraites ; le respect de la personne humaine en général ne peut suffire à nous guider, car nous avons affaire à des individus séparés, opposés : la personne humaine est entière dans la victime et dans le bourreau ; faut-il laisser périr la victime, ou tuer le bourreau ?

Nous l'avons vu déjà, si je m'efface du monde, si j'ai la prétention contradictoire de juger les situations humaines sans adopter sur elles aucun point de vue humain, elle m'apparaissent comme incomparables entre elles et je ne peux rien vouloir. Une attitude de contemplation ne permet jamais aucune préférence ; elle livre ce qui est indifférence. Il n'y a préférence que lorsque le sujet transcende l'objet : on préfère pour une fin, d'un point de vue défini. On préfère un fruit à un autre pour le manger ou pour le peindre, mais si l'on n'a rien à en faire, le mot de préférence perd tout sens : « Préférez-vous la mer ou la montagne ? » Il faut entendre : « Préférez-vous vivre à la mer ou à la montagne ? » Si on ne se soucie ni de coudre ni de monter à bicyclette, on ne saurait choisir entre une bicyclette et une machine à coudre. C'est en tant que je la transcende par mon propre projet qu'un moment passé peut m'apparaître comme meilleur ou pire : si je souhaite l'épanouissement de la culture, je préfère la Renaissance au Moyen Âge, je la considère comme un acheminement vers *ma* fin ; mais je ne peux parler de progrès qu'en relation avec un but que j'ai fixé ; si l'on me transporte hors de toutes situations, tout donné me semble également indifférent ; entre les divers moments de l'histoire, il m'est alors impossible de choisir ; ils m'apparaissent comme des donnés, identiques en ce qu'ils représentent tous l'élan figé d'une transcendance, et radicalement hétérogènes dans la facticité singulière de leur existence : on ne peut établir de hiérarchie ni au sein de l'identité, ni dans l'absolue séparation. On ne saurait confronter la perfection du cheval et la perfection du chien, a dit justement Spinoza. Comment décider ce qui vaut le mieux *en soi*, de la vie d'un bâtisseur de cathédrales ou de celle d'un aviateur ? Et si nous considérons l'essence humaine qui leur est commune, elle est totale en chacun d'eux.

Montesquieu raconte dans *Histoire véritable* qu'un génie proposa un jour à un pauvre homme de devenir à son choix ce roi, ou ce riche propriétaire, ou cet opulent marchand dont il avait envié si souvent le bonheur ; le pauvre hésita et pour finir ne put se résoudre à aucun échange ; il resta dans sa peau. Chaque homme envie volontiers le sort d'autrui, conclut Montesquieu, mais aucun n'accepterait d'être autrui. Et en effet, j'envie la situation d'autrui si elle m'apparaît comme un point de départ que je dépasserais moi-même; mais l'être d'autrui fermé sur soi, figé, séparé de moi, ne peut faire l'objet d'aucun désir. C'est du cœur de ma vie que je désire, que je préfère, que je refuse.

Et s'il est possible de répondre à la question : « Comment choisir ? », c'est parce que chacun de nous est en vérité au cœur de sa vie. « Je veux le plus gros morceau », dit l'enfant en regardant avidement le gâteau que sa mère vient de couper. « Pourquoi serait-il à toi plutôt qu'à un autre ? — Parce que c'est moi. » Le commerçant habile sait cultiver chez ses clients ce goût du privilège : « Je vous le laisse à vingt francs, mais c'est bien parce que c'est vous », dit-il à la ménagère flattée ; elle consent volontiers à le croire. Comment serais-je, moi, n'importe qui ? Les autres hommes n'existent que comme des objets ; nous seuls nous saisissons dans notre intimité et notre liberté : un sujet. Ce qui est puéril chez l'enfant, chez la ménagère, c'est de croire que leur privilège existe aux yeux d'autrui : chacun n'est sujet que pour soi. Mais il est vrai que je ne suis n'importe qui qu'aux yeux des autres ; et la morale ne saurait réclamer de moi que je réalise ce point de vue étranger : ce serait cesser d'être. Je suis ; je suis

en situation devant autrui et devant les situations où il se trouve lui-même ; et c'est justement grâce à cela que je peux préférer, vouloir.

Il nous faut donc à présent essayer de définir
quelle est *ma* situation devant autrui. À partir
de là seulement nous pourrons tenter de trouver un fondement à nos actes.

Nous avons vu que c'est seulement par la présence de l'homme que s'introduisent dans le
monde ce que J.-P. Sartre appelle des « négati-
tés » : des vides, des manques, des absences. Certains hommes se refusent à user de ce pouvoir :
tout est plein autour d'eux, ils ne voient aucune
place pour rien d'autre ; toute nouveauté les
effraie, il faut leur imposer de force les réformes.
« On se passait bien autrefois de ces inventions », disent-ils. D'autres au contraire sont en
attente : ils espèrent, ils exigent ; mais ce n'est
jamais *moi* qu'ils exigent et cependant c'est dans
la singularité de mon être que je souhaite être
nécessité par eux ; le livre que j'écris ne vient
pas combler un vide épousant d'avance exactement sa forme. Le livre est d'abord ; et une fois
qu'il est, il appartient au lecteur de saisir cette
présence comme l'envers d'une absence : sa
liberté seule en décide. « Comment pouvait-on
se passer du chemin de fer, de l'avion ? Comment concevoir la littérature française sans
Racine, la philosophie sans Kant ? » Par-delà sa
satisfaction présente, l'homme projette derrière
lui, rétrospectivement, un besoin. Et en effet,

maintenant qu'il existe, l'avion répond à un besoin; mais c'est un besoin qu'il a créé en existant, ou plus exactement que des hommes ont librement créé à partir de son existence. Cette plénitude neuve que nous faisons surgir dans le monde, c'est à la liberté humaine qu'il appartient de lui creuser sa place; cette place n'était pas; ce n'est pas non plus nous qui l'avons faite; nous avons fait seulement l'objet qui la remplit. Seul autrui peut créer un besoin de ce que nous lui donnons; tout appel, toute exigence vient de sa liberté; pour que l'objet que j'ai fondé apparaisse comme un bien, il faut qu'autrui en fasse son bien : alors me voilà justifié de l'avoir créé. Seule la liberté d'autrui est capable de nécessiter mon être. Mon besoin essentiel est donc d'avoir des hommes libres en face de moi : ce n'est pas si on m'annonce ma mort, c'est si on m'annonce la fin du monde que mon projet perd tout sens; le temps du mépris est aussi celui du désespoir.

Ainsi ce n'est pas *pour* autrui que chacun se transcende; on écrit des livres, on invente des machines qui n'étaient réclamées nulle part; ce n'est pas non plus *pour* soi, car « soi » n'existe que par le projet même qui le jette dans le monde; le fait de la transcendance précède toute fin, toute justification; mais dès que nous sommes jetés dans le monde, nous souhaitons aussitôt échapper à la contingence, à la gratuité de la pure présence : nous avons besoin d'autrui pour que notre existence devienne fondée et nécessaire.

Il ne s'agit pas, comme le croit Hegel, de faire reconnaître en nous la pure forme abstraite du moi ; c'est mon être dans le monde que j'entends sauver, tel qu'il se réalise dans mes actes, mes œuvres, ma vie ; c'est seulement par ces objets que je fais exister au monde que je peux communiquer avec autrui. Si je ne fais rien exister, il n'y a ni communication, ni justification. Mais beaucoup d'hommes ici se dupent : par légèreté, par paresse, nous avons vu que souvent l'homme prétend retrouver son être là où il ne l'a pas engagé, déclarer siens des objets qu'il n'a pas fondés ; c'est pour ces choses étrangères qu'il réclame le suffrage d'autrui et il s'efforce de croire que c'est bien *lui* qui en bénéficie. C'est alors qu'on taxe un homme de sotte vanité : lorsqu'il se targue de ses ancêtres, de sa fortune, de son physique avantageux. D'une manière encore plus puérile le geai se pare des plumes du paon ; sous le balcon de Roxane le beau Christian emprunte la voix de Cyrano : mais pour finir, c'est Cyrano que Roxane aime. Si nous avons vraiment souci de nous-mêmes, nous refuserons de nous laisser aimer ou admirer pour « de mauvaises raisons », c'est-à-dire à travers des biens qui ne sont pas les nôtres. C'est ainsi que certaines femmes veulent être aimées sans fard, certains hommes incognito. Le vaniteux semble s'imaginer qu'autrui détient l'être et qu'on peut capter par surprise cette richesse précieuse ; mais autrui peut seulement revêtir d'une dimension nécessaire ce que je fais pour me faire être : il faut faire d'abord. En ce sens on a raison de dire que quiconque se cherche se perdra et que c'est en se perdant qu'on se trouve. Si je me cherche dans les yeux d'autrui avant de m'être donné aucune figure, je ne suis rien ; je ne prends une forme, une existence que si d'abord je me jette dans le monde en aimant, en faisant.

Et mon être n'entre en communication avec autrui que par ces objets où il s'engage. Il faut me résigner à n'être jamais sauvé tout entier. Il est des entreprises qui s'étendent à travers toute une vie, d'autres se limitent à un instant ; mais aucune n'exprime la totalité de mon être, puisque cette totalité *n'est pas*. Nous sommes souvent dupés par un mirage : si j'ai fait deux vers que l'on admire, je me crois volontiers nécessité jusque dans ma manière de manger, de dormir ; c'est que mon moi est à la fois dispersé et un, il est comme le mana du primitif tout entier en chaque point ; et comme le primitif pense que si l'on détient un seul de ses cheveux on détient son mana tout entier, ainsi nous imaginons que la louange accordée à un de nos actes justifie tout notre être : c'est pour-

quoi nous nous soucions d'être nommés ; le
nom, c'est ma présence totale rassemblée magi-
quement dans l'objet. Mais en vérité nos actes
sont séparés et nous n'existons pour autrui que
dans la mesure où nous sommes présents à nos
actes, donc dans notre séparation.

S'il faut d'abord que je sache *ce que* je com-
munique, il n'est pas moins important pour
moi de connaître avec qui je peux, je veux
communiquer. C'est encore une des faiblesses
de la vanité que de rechercher n'importe quel
suffrage ; comme lorsque M. de Montherlant
réclame les éloges de critiques qu'il prétend
mépriser et souhaite l'admiration d'un public
qu'il juge imbécile. En vérité pour qu'autrui
possède ce pouvoir de rendre nécessaire l'objet
que j'ai fondé, il ne faut pas que je puisse le
transcender à son tour ; dès qu'autrui m'apparaît comme limité, fini, la place qu'il crée pour
moi sur terre est aussi contingente et vaine que
lui-même. « Il a besoin de moi ; mais quel besoin
y a-t-il de lui ? Comment cette injustifiable existence pourrait-elle me justifier ? » La coquette
regarde son soupirant avec dégoût : si sa beauté
est inutile au fond de son miroir, ne l'est-elle
pas aussi au fond de ces yeux ? Si bien des
femmes sacrifient leur amant à l'opinion de
leur concierge, c'est que l'amant n'est qu'un
homme : la concierge, c'est la voix publique, ce
on mystérieux qui existe et cependant s'étend à

l'infini. Cet écrivain redresse la tête avec satisfaction si quelqu'un lui dit : « *On* vous admire »,
mais dès qu'il connaît le nom de ses admira-
teurs, il est déçu. D'ordinaire, le blâme ou l'estime de nos proches ne nous atteignent guère :
nous en connaissons trop bien les motifs,
ce sont des faits que nous pouvons prévoir et
transcender. Ces parents s'irritent de voir leur
fils accorder à un camarade le prestige qu'ils
ont perdu : le camarade est un étranger que
l'enfant ne transcende pas, tandis que ses
parents se sont figés devant lui en objets. C'est
ainsi que l'homme qui souffre d'un complexe d'infériorité ne consent à se laisser rassu-
rer par aucun suffrage : celui qui l'approuve
n'est qu'un individu singulier, il le transcende
vers cet inconnu innombrable et mystérieux
aux yeux de qui il se sent dérisoire ; inversement, un homme peut toujours se croire un
génie méconnu : ceux qui le condamnent ne
sont que des individus finis dont il récuse le
jugement pour en appeler à une postérité éclairée, impartiale, libre.

Car ce qu'il me faut en face de moi, c'est une
liberté. La liberté est la seule réalité que je
ne puisse transcender. Comment dépasser ce
qui sans cesse se dépasse soi-même ? Si un être
m'apparaît comme pure liberté, s'il est capable
de se fonder totalement soi-même, il peut aussi
justifier ce que j'ai fondé en le reprenant à son

compte : un tel être serait Dieu. La magie de
l'amour, de la peur, de l'admiration, du respect
peut changer un homme en Dieu ; l'humble
adorateur n'est rien qu'un objet, et son idole
n'est objet devant personne ; vers qui pourrait-
on transcender cette pure liberté souveraine ?
Il n'y a rien par-delà.

Mais si soudain d'autres libertés se découvrent à moi, la fascination se dissipe. Je me souviens du scandale que j'éprouvai à treize ans
lorsqu'une amie que j'admirais contredit avec
violence une opinion de mon père ; elle jugeait
mon père ; mon père en retour la jugeait ; je
pouvais donc en appeler de mon père à mon
amie, de mon amie à mon père ; dans ce va-et-
vient, l'absolu se dérobait ; je ne pouvais plus
me reposer sur personne. Mon désarroi dura
longtemps : à qui me soucierais-je de plaire ?

Ce n'est pas à une liberté que j'ai affaire :
c'est à *des* libertés. Et précisément parce qu'elles
sont libres, elles ne s'accordent pas entre elles.
La morale kantienne m'enjoint de rechercher
l'adhésion de l'humanité entière ; mais nous
avons vu qu'il n'existe aucun ciel où s'accomplisse la réconciliation des jugements humains.
Si certaines œuvres ne sont plus guère discu-
tées, c'est qu'elles ont cessé de toucher, elles
sont devenues des objets de musée, des reliques.
Mais il ne faut pas croire qu'elles sont justifiées
simplement parce qu'elles sont inscrites dans

l'histoire. Certes sans Sophocle, sans Malherbe, la littérature n'eût pas été ce qu'elle est ; mais cela ne confère à leur œuvre aucune nécessité ; car il n'est pas nécessaire que la littérature soit ce qu'elle est ; elle est, c'est tout. On retrouve ici le point de vue de l'universel qui ne permet ni louange, ni blâme, puisqu'en lui aucun vide ne saurait être seulement supposé. La réussite n'apparaît que par un projet défini qui pose une fin et dessine derrière soi en creux un appel rétrospectif. Le dilettante qui prétend tout aimer n'aime rien. Pour se féliciter de l'existence de Rimbaud ou de Cézanne, il faut préférer à toute autre une certaine poésie, une certaine manière de peindre. Un objet est saisi comme ayant dû être ce qu'il a été seulement si un choix singulier reflue de l'avenir vers lui. Cette réalité même que nous jetons dans le monde, elle ne sera sauvée que si autrui fonde un avenir qui l'enveloppe en le dépassant, que si des objets nouveaux le choisissent au passé pour l'avenir. Nous ne saurions donc nous satisfaire d'une simple approbation verbale ; seule le vaniteux s'en contente parce qu'il ne cherche que l'apparence creuse de l'être ; mais un homme plus exigeant sait que les mots ne sauraient suffire à nécessiter l'objet qu'il a fondé : il demande qu'une place réelle lui soit réservée sur terre. Ce n'est pas assez qu'on écoute mon récit : il faut que l'auditeur attende avidement

mes paroles ; une femme se lasse vite d'une
admiration indifférente : elle veut être aimée,
car seul l'amour créera d'elle un besoin essentiel ; l'écrivain ne veut pas seulement être lu : il
veut avoir de l'influence, il veut être imité,
médité ; l'inventeur demande qu'on se serve de
l'outil qu'il a inventé. Mais les projets humains
sont séparés et même ils se combattent. Mon
être m'apparaît condamné à demeurer à jamais
divisé. Cet allié est aussi un traître, ce sage véné-
rable un corrupteur. Il n'y a pas de grand
homme pour son valet de chambre : je peux
rire du grand homme avec le valet de chambre,
mais le grand homme et ses amis riront de
moi ; si je ris du valet de chambre, celui-ci rira
de moi en même temps que du grand homme.
Pourtant, si je ris de tous, me voilà seul au
monde et tous riront de moi.

La solution la plus commode serait de récuser les jugements qui me gênent en considérant les hommes qui les portent comme de
simples objets, en leur déniant la liberté. « Ce
sont des barbares, des esclaves », pensaient les
Romains de la décadence en voyant travailler et
souffrir pour eux des hommes qui les maudis-
saient. « C'est un nègre », pensait le planteur de
Virginie. Et par des tabous rigides, ces sociétés
parasitaires s'efforcent de défendre les maîtres
contre la conscience des créatures qu'ils exploi-
tent ; il ne faut pas que celles-ci soient recon-

nues pour des hommes ; on raconte que certaines femmes blanches se déshabillaient avec indifférence devant des boys indochinois : ces jaunes n'étaient pas des hommes.

Mais alors le parasite méconnaît le caractère humain des objets dont il use, il vit au sein d'une nature étrangère, parmi des choses inertes, écrasé par le poids énorme des choses, soumis à une fatalité mystérieuse. Dans les outils, les machines, les maisons, le pain qu'il mange, il ne reconnaît la marque d'aucune liberté ; il ne reste que la matière, et dans la mesure où il dépend de cette matière, il n'est aussi que matière et passivité. En supprimant l'empire de l'homme sur les choses, il se fait chose parmi les choses. Et il ne gagne rien à cette métamorphose. Si nous supposons que pour plus de sûreté on administre aux serviteurs un breuvage magique qui les transforme en bêtes, on n'aura ainsi réalisé aucune réconciliation entre les hommes : en face de cette espèce animale neuve, les maîtres constitueront encore une humanité divisée. Le parasite ne redevient homme qu'en se retournant vers ses pairs : et il se retrouve alors en danger devant leurs libertés.

Et d'ailleurs, l'homme n'est pas libre de traiter à son gré en choses d'autres hommes. Malgré les tabous, les préjugés, et sa volonté d'aveuglement, le maître sait qu'il lui faut par-

ler à l'esclave : on ne parle qu'à des hommes ;
le langage est un appel à la liberté de l'autre
puisque le signe n'est signe que par une
conscience qui le ressaisit. Il sent sur lui le
regard de l'esclave : dès qu'il est regardé, c'est
lui qui est l'objet[1] ; il est un tyran cruel ou
timide, résolu ou hésitant ; s'il essaie de transcender cette transcendance, pensant : « Ce sont
là des pensées d'esclave », il sait que l'esclave
transcende aussi cette pensée ; et dans la lutte
qui se déroule ici la liberté de l'esclave est
reconnue par la défense même qu'y oppose le
maître. Tous les hommes sont libres et dès que
nous avons affaire à eux nous éprouvons leur
liberté. Si nous voulons ignorer ces libertés
dangereuses, il nous faut nous détourner des
hommes ; mais alors notre être se rétracte, se
perd. Notre être ne se réalise qu'en choisissant
d'être en danger dans le monde, en danger
devant les libertés étrangères et divisées qui
s'emparent de lui.

Cependant nous avons un recours contre ces
libertés : ce n'est pas l'aveuglement stupide,
c'est la lutte. Car cet acte par lequel elles nous
transcendent, nous pouvons le transcender
à notre tour. « Qui sera mon témoin ? » se
demande dans *Pilote de guerre*, de Saint-Exupéry,
l'aviateur qu'on envoie en mission dangereuse

---

1. Voir *L'Être et le Néant*, de J.-P. Sartre, p. 330.

au moment de la défaite. Il récuse tous les témoignages : c'est lui qui est témoin de la lâcheté, de l'abandon des autres. Je ne souhaite pas être reconnu par n'importe qui, car dans la communication avec autrui nous cherchons l'achèvement du projet où notre liberté s'engage ; et il faut donc qu'autrui me projette vers un avenir que je reconnais pour mien ; ce serait pour moi un cuisant échec si mon action se perpétuait en devenant utile à mes adversaires ; il faut que le projet par lequel autrui me confère la nécessité soit aussi mon projet. Il est des blâmes et des haines que j'assume avec joie : le révolutionnaire qui combat le projet du conservateur souhaite lui apparaître comme une force hostile. Gertrude Stein raconte dans ses mémoires que Fernande Picasso n'était contente d'un chapeau que si elle entendait les maçons et les terrassiers s'exclamer longuement à sa vue : c'est que pour elle l'élégance se définissait comme un défi au plat bon sens. Si nous luttons contre un projet, nous choisissons d'apparaître devant lui comme un obstacle. Il est des projets qui simplement ne nous concernent pas ; nous envisageons avec indifférence les jugements où ils s'expriment : s'il s'agit d'apprécier un poème, un banquier n'est pas compétent ; et le banquier sourirait des conseils du poète. Il se peut que mon dédain enveloppe non une compétence particulière mais

un homme tout entier. C'est le projet global de
son être que nous refusons, que nous combat-
tons. Alors le dédain devient mépris. Je suis
indifférent à toute opinion de ceux que je
méprise. «Je ne vous demande pas votre avis»,
dit-on dans le mépris, et même «Je ne vous
parle pas»; car toute parole, toute expression
est appel : le véritable mépris est silence; il ôte
jusqu'au goût de la contradiction et du scandale. Dans le scandale, nous demandons qu'autrui fasse la preuve que son projet est séparé
du nôtre; nous voulons devenir pour lui objet
ridicule ou odieux : ainsi n'y aura-t-il plus de
complicité entre nous. Mais c'est lui laisser
l'initiative et consentir par défi à nous faire
chose. C'est à nous d'affirmer avec tranquillité
que nous nous séparons de lui, que nous le
transcendons et qu'il n'est qu'objet devant
nous.

Il serait commode de pouvoir user du mépris
comme d'une arme : on s'y efforce souvent. Un
enfant, un jeune homme estimé dans son
entourage, choisit de ne pas affronter un jugement étranger : il se cantonne dans sa sphère et
pour ne courir aucun risque désarme à l'avance
l'opinion du reste du monde; il va dans la vie
d'un pas sûr : qui le condamne se condamne.
Mais ainsi, il renie sa liberté; être libre, c'est se
jeter dans le monde sans calcul, sans enjeu, c'est
définir soi-même tout enjeu, toute mesure; tan-

dis que cet homme trop prudent doit prendre
garde à ne fonder d'autre objet que celui qui
valorise les gens qui le valorisent : cette vanité
timide est le contraire d'un véritable orgueil.
Il arrive aussi qu'un homme qui ne rencontre
d'abord autour de soi qu'échec et dédain se
défende par des reniements : il voulait être un
athlète, il échoue, il se met à mépriser les spor-
tifs et le sport, il n'estime plus que les ban-
quiers ou les militaires ; mais en renonçant
ainsi à son projet, il se trahit. Et d'ailleurs on ne
peut pas à volonté faire naître en soi le mépris
ou l'estime. C'est par un même projet qu'en
définissant les objets que je fonde je me définis
moi-même ; et je définis le public à qui s'adresse
mon appel. Aimer les livres, admirer les écri-
vains, vouloir écrire, c'était pour moi dans mon
enfance un seul et même projet ; le choix global étant posé, nous ne pouvons partiellement
le contredire que par aveuglement et mauvaise
foi ; et la mauvaise foi entraîne le doute et le
malaise ; c'est pourquoi tant d'hommes vaniteux sont si mal dans leur peau. Un sot trouve
toujours un plus sot qui l'admire ; mais il ne
peut se dissimuler à volonté que ce sot est un
sot, ni prendre à son gré la sottise pour une
vertu. La liberté commande et n'obéit pas ; en
vain tente-t-on de la renier ou de la forcer. Si
c'est vraiment le sport qui est mon projet, je
préfère encore être un athlète manqué plutôt

que d'être un obèse honoré ; c'est pourquoi on
ne peut si facilement triompher, même inté-
rieurement, d'un rival détesté : si je me veux
courageux, adroit, intelligent, je ne peux dédai-
gner chez l'autre le courage, l'adresse ou l'intelligence.

On regarde à bon droit comme une faiblesse
l'attitude de ceux qui aiment seulement qui les
aime et méprisent sans distinction tous ceux
qui les méprisent : on soupçonne bien que leur
amour et leur mépris ne sont qu'une apparence creuse. C'est seulement par mon libre
mouvement vers mon être que je peux confirmer dans leur être ceux de qui j'attends un fondement nécessaire de mon être. Pour que les
hommes puissent me donner une place dans
le monde, il faut d'abord que je fasse surgir
autour de moi un monde où les hommes aient
leur place : il faut aimer, vouloir, faire. C'est
mon action elle-même qui doit définir le public
auquel je la propose : l'architecte aime bâtir, il
bâtit un édifice qui restera debout pendant des
siècles, il en appelle à une longue postérité ; un
acteur, un danseur en appellent seulement
à leurs contemporains. Si je perfectionne un
moteur d'avion, mon invention intéresse des
millions d'hommes ; s'il s'agit de faire approu-
ver des actes quotidiens, des paroles éphémères,
c'est seulement à mes proches que je m'adresse.
Je ne peux en appeler concrètement qu'à des

hommes qui existent pour moi ; et ils n'existent pour moi que si j'ai créé des liens avec ceux, si j'ai fait d'eux mon prochain ; ils existent comme alliés ou comme ennemis selon que mon projet s'accorde avec le leur ou le contredit. Mais comment n'assumerais-je pas cette contradiction même puisque c'est moi qui la fais exister en me faisant tel que je me fais ?

L'action

Voici donc ma situation en face d'autrui : les hommes sont libres, et je suis jeté dans le monde parmi ces libertés étrangères. J'ai besoin d'elles, car une fois que j'ai dépassé mes propres buts, mes actes retomberaient sur eux-mêmes inertes, inutiles, s'ils n'étaient emportés par de nouveaux projets vers un nouvel avenir. Un homme qui survivrait seul sur terre à un cataclysme universel devrait s'efforcer, tel Ézéchiel, de ressusciter l'humanité, ou il n'aurait plus qu'à mourir. Le mouvement de ma transcendance m'apparaît comme vain dès que je l'ai transcendé ; mais si à travers d'autres hommes ma transcendance se prolonge toujours plus loin que le projet que je forme au présent, je ne saurais jamais la dépasser.

Pour que ma transcendance ne puisse absolument pas être transcendée, il faudrait que
l'humanité entière prolongeât mon projet vers
des fins qui fussent miennes : qui donc la transcenderait ? En dehors d'elle il n'y aurait personne, et elle serait tout entière ma complice :
personne ne me jugerait. Mais il faut renoncer
à cet espoir : les hommes sont séparés, opposés.
Il faut me résoudre à la lutte.

Mais pour *qui* lutterai-je ? Mon but, c'est d'atteindre l'être : répétons-le encore, il ne s'agit
pas ici d'un égoïsme ; l'idée d'intérêt repose
sur l'idée d'un moi tout fait vers lequel le sujet
que je suis se transcenderait, le prenant pour
fin suprême ; au lieu que par le projet je me
jette vers des fins différentes d'un moi qui
n'existe nulle part comme donné ; chercher à
être, c'est chercher *l'être ;* car il *n'y a* d'être que
par la présence d'une subjectivité qui le dévoile,
et c'est nécessairement du cœur de ma subjectivité que je m'élance vers lui. Je lutte donc
pour être. Je lutte pour posséder ce jouet, ce
bijou, pour faire ce voyage, manger ce fruit,
bâtir cette maison. Mais ce n'est pas tout. Je me
pare, je voyage, je bâtis parmi les hommes. Je
ne peux vivre enfermé dans une tour d'ivoire.
C'est l'erreur des théories telles que celles de
l'art pour l'art que d'imaginer qu'un poème ou
un tableau est une chose inhumaine qui se suffit à soi seul : c'est un objet fait par l'homme,

pour l'homme. Certes, elle n'est faite ni pour distraire, ni pour édifier, elle ne répond pas à un besoin qui existait avant elle et qu'elle devait combler ; elle est dépassement du passé, invention gratuite et libre ; mais, dans sa nouveauté, elle exige d'être comprise et justifiée, il faut que des hommes l'aiment, la veuillent, la prolongent. L'artiste ne saurait se désintéresser de la situation des hommes qui l'entourent. En autrui est engagée sa propre chair. Je lutterai donc pour que des hommes libres donnent à mes actes, à mes œuvres, leur place nécessaire.

Mais comment recourir ici à la lutte puisque c'est librement que ces hommes doivent m'accorder leurs suffrages ? Certes, il est absurde de vouloir obtenir par violence un amour, une admiration spontanée : on rit de Néron qui veut séduire par force. Je souhaite qu'autrui reconnaisse mes actes comme valables, qu'il en fasse son bien en les reprenant à son compte vers l'avenir ; mais je ne peux escompter une telle reconnaissance si je contredis d'abord le projet d'autrui : il ne verra en moi qu'un obstacle. Je fais un mauvais calcul si j'oblige autrui à vivre alors qu'il voudrait mourir sous prétexte que j'ai besoin d'un compagnon susceptible de justifier mon existence ; il vivra en me maudissant. Le respect de la liberté d'autrui n'est pas une règle abstraite : il est la condition première du succès de mon effort. Je peux seulement en appeler à la liberté d'autrui, non la contraindre ; je peux inventer les appels les plus pressants, m'efforcer de la charmer ; mais elle demeurera libre, quoi que je fasse, de répondre ou non à ces appels.

Seulement pour que s'établisse ce rapport à autrui, il faut que deux conditions soient remplies. Il faut d'abord qu'il me soit permis d'appeler. Je lutterai donc contre ceux qui voudront étouffer ma voix, m'empêcher de m'exprimer, m'empêcher d'être. Pour me faire exister devant les hommes libres je serai obligé souvent de traiter certains hommes comme des objets. Le prisonnier tuera son geôlier pour aller rejoindre ses camarades ; c'est dommage que le geôlier ne puisse être lui aussi un camarade ; mais il serait encore plus dommage pour le prisonnier de n'avoir plus jamais aucun camarade.

Ensuite il faut que j'aie devant moi des hommes qui soient libres *pour moi*, qui puissent répondre à mon appel.

En toutes situations la liberté d'autrui est totale puisque la situation n'est que pour être dépassée et que la liberté est égale en tout dépassement. Un ignorant qui s'efforce de s'instruire est aussi libre que le savant qui invente une hypothèse neuve. Nous respectons également en tout être ce libre effort pour se transcender vers l'être ; ce qu'on méprise, ce sont les démissions de la liberté. On ne saurait établir

entre les situations humaines aucune hiérarchie morale. Seulement, en ce qui me concerne,
il est certaines de ces transcendances que je
peux transcender et qui se figent pour moi
en objets; il en est d'autres que je peux seulement accompagner ou qui me dépassent. Tess
d'Uberville aime Clare; les trois filles de ferme
qui aiment Clare elles aussi ne transcendent
pas l'amour de Tess : avec Tess elles se transcendent vers Clare. Mais si nous découvrons les
faiblesses de Clare, si nous ne l'aimons pas, tout
en reconnaissant la liberté de Tess, nous ne
voyons dans son amour qu'un objet qui nous
est étranger. La liberté d'autrui n'existe que
comme séparée de moi lorsqu'elle tend vers un
but étranger ou déjà dépassé. L'ignorant qui
use sa liberté à dépasser son état d'ignorance
ne peut rien pour le physicien qui vient d'inventer une théorie compliquée. Le malade qui
s'épuise à lutter contre la maladie, l'esclave
contre l'esclavage, ne se soucient ni de poésie,
ni d'astronomie, ni du perfectionnement de
l'aviation; il leur faudrait d'abord la santé, le
loisir, la sécurité, la libre disposition d'eux-
mêmes. La liberté d'autrui ne peut quelque
chose pour moi que si mes propres buts peuvent à leur tour lui servir de point de départ;
c'est en utilisant l'outil que j'ai fabriqué qu'autrui en prolonge l'existence; le savant ne peut
parler qu'à des hommes parvenus à un degré

de connaissance égal au sien; alors il leur propose sa théorie comme base de nouveaux travaux. Autrui ne peut accompagner ma transcendance que s'il est au même point du chemin que moi. .

Pour que nos appels ne se perdent pas dans le vide, il faut près de moi des hommes prêts à m'entendre; il faut que les hommes soient mes pairs. Je ne saurais, moi, revenir en arrière, car le mouvement de ma transcendance me porte sans cesse en avant; et je ne peux marcher vers l'avenir seul; je me perdrais dans un désert où tous mes pas seraient indifférents. Il me faut donc m'efforcer de créer pour les hommes des situations telles qu'ils puissent accompagner et dépasser ma transcendance; j'ai besoin que leur liberté soit disponible pour se servir de moi et me conserver en me dépassant. Je demande pour les hommes la santé, le savoir, le bien-être, le loisir, afin que leur liberté ne se consume pas à combattre la maladie, l'ignorance, la misère.

Ainsi, il faut que l'homme s'engage dans deux directions convergentes : il fonde des objets où il trouve le reflet figé de sa transcendance; il se transcende par un mouvement en avant qui est sa liberté même; et à chaque pas, il s'efforce de tirer les hommes à soi. Il ressemble au chef d'une expédition qui trace pour sa marche une route nouvelle et qui sans cesse revient en arrière pour rassembler les traînards, courant de nouveau en avant pour conduire plus loin son escorte. Seulement, tous les hommes ne consentent pas à suivre ; certains restent sur place, ou s'engagent dans des voies divergentes ; certains même s'efforcent d'arrêter sa marche et celle de sa suite. Là où la persuasion échoue, il ne reste alors pour se défendre que la violence.

En un sens, la violence n'est pas un mal, puisqu'on ne peut rien ni pour ni contre un homme : engendrer un enfant, ce n'est pas le fonder ; tuer un homme, ce n'est pas le détruire ; nous n'atteignons jamais que la facticité d'autrui. Mais précisément, en choisissant d'agir sur cette facticité, nous renonçons à prendre autrui pour une liberté et nous restreignons d'autant les possibilités d'expansion de notre être ; l'homme que je violente n'est pas mon pair, et j'ai besoin que les hommes soient mes pairs. Le recours à la violence suscite d'autant moins de regret qu'il semblait d'autant moins possible d'en appeler à la liberté de l'homme violenté : on use sans scrupule de la force à l'égard d'un enfant, d'un malade. Mais si je violentais tous les hommes, je serais seul au monde, et perdu. Si je fais d'un groupe d'hommes un troupeau, un bétail, je réduis d'autant le règne humain. Et même si je n'opprime qu'un seul homme, en lui toute l'humanité m'apparaît comme pure chose; si un homme est une fourmi qu'on peut écraser sans scrupule, tous les hommes pris ensemble ne sont qu'une fourmilière. On ne peut donc accepter d'un cœur léger le recours à la force : il est la marque d'un échec que rien ne saurait compenser. Si les morales universelles de Kant, de Hegel s'achèvent en optimisme, c'est que, niant l'individualité, elles nient aussi l'échec. Mais l'individu est, l'échec est. Si un cœur scrupuleux hésite si longtemps avant de prendre une décision politique, ce n'est pas que les problèmes politiques soient difficiles : c'est qu'ils sont insolubles. Et pourtant l'abstention est aussi impossible : on agit toujours. Nous sommes condamnés à l'échec parce que nous sommes condamnés à la violence; nous sommes condamnés à la violence parce que l'homme est divisé et opposé à lui-même, parce que les hommes sont séparés et opposés entre eux : par violence on fera de l'enfant un homme, d'une horde une société. Renoncer à la lutte, ce serait renoncer à la transcendance, renoncer à l'être. Mais cependant aucune réussite n'effacera jamais le scandale absolu de chaque échec singulier.

Il ne faudrait pas croire non plus que la réussite consiste à atteindre tranquillement un but; nos buts ne sont jamais que de nouveaux points de départ. Quand nous aurons conduit autrui jusqu'à ce but, c'est alors que tout commence;

à partir de là, où ira-t-il ? Je ne me contente pas
de l'idée qu'il ira toujours quelque part : sans
moi aussi, il eût été quelque part. Je veux que
ce soit *mon* projet qu'il prolonge. C'est à chacun de décider jusqu'où son projet s'étend sans
se détruire : Kant se fût-il retrouvé dans Hegel ?
Eût-il regardé le système hégélien comme sa
négation ? Pour répondre il faudrait savoir
quelle était à ses yeux la vérité essentielle de sa
philosophie. Mais en tout cas son projet ne
s'étendait pas à l'infini ; si Kant avait voulu seulement la philosophie, il n'aurait pas eu besoin
d'écrire ; de toute manière, la philosophie existait : il voulait *une* philosophie créée par un
développement philosophique qui fût sien. Nous
voulons être nécessités dans notre singularité,
et nous ne pouvons l'être que par des projets
singuliers. Nous dépendons de la liberté d'autrui : il peut nous oublier, nous méconnaître,
nous utiliser pour des fins qui ne sont pas les
nôtres. C'est un des sens de ce « Procès » décrit
par Kafka qu'aucun verdict ne vient jamais
clore ; nous vivons en état d'atermoiement
indéfini. C'est aussi le sens du mot de M. Blan-
chot, dans *Aminadab* : l'essentiel est de ne pas
perdre, mais on ne gagne jamais. C'est dans
l'incertitude et le risque qu'il faut assumer nos
actes ; et c'est précisément là l'essence de la
liberté ; elle ne se décide pas en vue d'un salut
qui serait accordé d'avance ; elle ne signe

aucun pacte avec l'avenir, si elle pouvait être
définie par le terme qu'elle vise, elle ne serait
plus liberté ; mais une fin n'est jamais un terme,
elle demeure ouverte sur l'infini : elle n'est fin
que parce que la liberté s'y arrête, définissant
ainsi mon être singulier au sein de l'infini
informe. Ce qui me concerne, c'est seulement
d'atteindre ma fin, le reste ne dépend plus de
moi. Ce qu'autrui fondera à partir de moi lui
appartiendra et ne m'appartient pas. Je n'agis
qu'en assumant les risques de cet avenir ; ils
sont l'envers de ma finitude et je suis libre en
assumant ma finitude.

Ainsi l'homme peut agir, il faut qu'il agisse :
il n'est qu'en se transcendant. Il agit dans le
risque, dans l'échec. Il doit assumer le risque :
en se jetant vers l'avenir incertain, il fonde avec
certitude son présent. Mais l'échec ne peut s'assumer.

Conclusion

« Et après ? » dit Cinéas.

Je demande que des libertés se retournent
vers moi pour nécessiter mes actes : mais la
réflexion ne peut-elle dépasser cet acte même
qui prétend me justifier ? Des hommes approu-

vent mon œuvre ; leur approbation se fige à son tour en objet ; elle est aussi vaine que mon œuvre elle-même. Ne doit-on pas conclure que tout est vanité ?

Ce que me découvre la réflexion, c'est que tout projet laisse place à une nouvelle question ; j'ai en moi à l'égard de mon projet et de moi-même une puissance négative par laquelle je m'apparais comme émergeant dans le néant ; elle me délivre de l'illusion de la fausse objectivité ; j'apprends d'elle qu'il n'y a d'autre fin au monde que mes fins, d'autre place que celle que je me creuse. Et les autres hommes ne détiennent pas non plus les valeurs auxquelles je souhaite accéder : si je les transcende, ils ne peuvent rien pour moi. Pour être reconnu par eux, il faut d'abord que je les reconnaisse. Nos libertés se supportent les unes les autres comme les pierres d'une voûte, mais d'une voûte que ne soutiendrait aucun pilier. L'humanité est tout entière suspendue dans un vide qu'elle crée elle-même par sa réflexion sur sa plénitude.

Mais puisque ce vide n'est qu'un envers, puisque la réflexion n'est possible qu'après le mouvement spontané, pourquoi lui accorder une prépondérance et condamner les projets humains en les confrontant avec la tranquillité du néant ? La réflexion fait surgir autour de moi le néant : mais elle ne se transporte pas en son sein, elle n'est pas autorisée à parler en son nom et à juger de son point de vue la condition humaine. Là où il y a un point de vue, ce n'est pas le néant. Et en vérité je ne peux prendre d'autre point de vue que le mien.

Un seul et même projet fini me jette dans ce monde et vers ces hommes-ci ; si j'aime un homme d'un amour absolu, son suffrage me suffit ; si j'agis pour une cité, un pays, j'en appelle à mes concitoyens, à mes compatriotes ; si je crée des liens réels entre moi et les siècles futurs, ma voix traverse les siècles. Certes, de toute façon, il est un point où ma transcendance s'ensable, mais la réflexion ne peut le dépasser. C'est aujourd'hui que j'existe, aujourd'hui me jette dans un avenir défini par mon projet présent : là où le projet s'arrête s'arrête aussi mon avenir et si je prétends me contempler du fond de ce temps où je ne suis pas, il n'y a là qu'une feinte, je ne dis que des mots vides. Au regard de l'éternité une minute est égale à un siècle, comme au regard de l'infini l'atome à la nébuleuse ; mais je ne plane ni dans l'infini, ni dans l'éternité, je suis situé dans un monde que définit ma présence. On ne se transcende que vers une fin ; et si précisément j'ai posé devant moi ma fin, vers quoi pourrai-je la dépasser ? Vers quoi transcender un amour exclusif pendant le temps que j'aime ? Quand d'autres hommes se seront mis

à exister pour moi, alors je pourrai transcender
cet amour. Mais je ne saurais transcender vers
rien la totalité des hommes que mon projet fait
exister pour moi.

On ne peut dépasser un projet qu'en réalisant un autre projet. Transcender une transcendance, ce n'est pas effectuer un progrès, car
ces projets différents sont séparés ; la transcendance transcendante peut être transcendée à
son tour. Aucun instant ne rejoint l'éternel,
l'extase et l'angoisse prennent encore leur place
dans le temps ; ils sont eux-mêmes projets :
toute pensée, tout sentiment est projet. Ainsi la
vie de l'homme ne se présente pas comme un
progrès, mais comme un cycle. « À quoi bon ? »
dit-il ; et il continue sa tâche : ce moment de
doute ou d'extase où tout projet me paraissait
vain, je le regarde maintenant comme un accès
de mauvaise humeur ou une exaltation puérile.
Entre ces deux moments, qui jugera ? Ils n'existent ensemble que par un troisième moment
qu'il faudrait juger à son tour. C'est pourquoi
sans doute on attache tant d'importance à la
dernière volonté d'un mourant : elle n'est pas
seulement une volonté parmi d'autres, mais
c'est en elle que le mourant a ressaisi toute sa
vie ; qui veut continuer à affirmer contre la
mort la vie d'un ami cher prolonge son dernier
instant en maintenant son privilège. C'est seulement lorsque je me sépare du mort pour le

regarder du dehors que le dernier instant devient un instant parmi d'autres ; alors le mort est vraiment mort, je transcende également toutes ses volontés.

Nous sommes libres de transcender toute transcendance, nous pouvons toujours nous échapper vers un « ailleurs », mais cet ailleurs est encore quelque part, au sein de notre condition humaine ; nous ne lui échappons jamais et nous n'avons aucun moyen de l'envisager du dehors pour la juger. Elle seule rend possible la parole. C'est avec elle que se définissent le bien et le mal ; les mots d'utilité, de progrès, de crainte n'ont de sens que dans un monde où le projet a fait apparaître des points de vue et des fins ; ils supposent ce projet et ne sauraient s'appliquer à lui. L'homme ne connaît rien d'autre que lui-même et ne saurait même rien rêver que d'humain : à quoi donc le comparer ? Quel homme pourrait juger l'homme ? Au nom de quoi parlerait-il ?

Pour une morale de l'ambiguïté

Pyrrhus et Cinéas

PREMIÈRE PARTIE